ONLINE SHOP ART ACTUAL COMBAT TUTORIAL

网店美工实战教程
（第2版）

主　编　王月婷　童海君
副主编　马艳丽　聂爽爽　应吉平
参　编　邓　芮　丁芳芳　陈建鑫

北京理工大学出版社
BEIJING INSTITUTE OF TECHNOLOGY PRESS

内容提要

本书基于OBE教育理念，紧密围绕网店美工岗位的实际需求及典型工作任务所需的职业技能精心编写而成。全书分为上下两篇：上篇"技能篇"和下篇"工作领域篇"。上篇包括四个教学模块，即基础工具、抠图工具、修图工具和工具综合应用，旨在系统讲授网店美工岗位必备的基本技术。下篇包括三个教学模块，即网店视觉推广图设计、商品详情页设计和网店视觉首页设计，旨在讲授PS在网店美工岗位工作场景中的应用与实践。本书特色鲜明，内容创新，以典型的工作任务驱动教学，使读者能够在轻松、愉悦的学习氛围中掌握技能。此外，书中特别配备了102个微课二维码，便于读者随时随地扫码自学，极大地提升了学习的便捷性。通过本书的学习，读者不仅能全面掌握网店美工的基本及核心技能，还能灵活应用，实现知识的有效转化与迁移，迅速适应并胜任网店美工岗位。

本书适合作为中高职院校、职教本科及应用型本科院校电子商务、市场营销、数字媒体、艺术设计等相关专业视觉营销设计课程的教材，也可作为网店美工、视觉设计师等职业人士自我提升、业务进修及专业培训的参考书。

版权专有　侵权必究

图书在版编目（CIP）数据

网店美工实战教程 / 王月婷，童海君主编. -- 2版. -- 北京：北京理工大学出版社，2024.4
ISBN 978-7-5763-3946-8

Ⅰ.①网…　Ⅱ.①王…②童…　Ⅲ.①网店－设计－教材　Ⅳ.①F713.361.2

中国国家版本馆CIP数据核字（2024）第092285号

责任编辑：陈莉华	**文案编辑**：陈莉华
责任校对：周瑞红	**责任印制**：王美丽

出版发行	/ 北京理工大学出版社有限责任公司
社　　址	/ 北京市丰台区四合庄路6号
邮　　编	/ 100070
电　　话	/ （010）68914026（教材售后服务热线）
	（010）63726648（课件资源服务热线）
网　　址	/ http：//www.bitpress.com.cn
版 印 次	/ 2024年4月第2版第1次印刷
印　　刷	/ 河北鑫彩博图印刷有限公司
开　　本	/ 889 mm×1194 mm　1/16
印　　张	/ 11
字　　数	/ 363千字
定　　价	/ 98.00元

图书出现印装质量问题，请拨打售后服务热线，负责调换

前言 PREFACE

随着电子商务的快速发展、各大电商平台的迅猛崛起、电商企业数量的急剧增长与规模的持续扩张，消费者面临的选择越发丰富，对购物体验的要求也日益提升，这直接加剧了电商企业间的竞争态势。为了在激烈的市场竞争中脱颖而出，电商企业亟须通过有效的店铺和产品宣传，吸引流量、提升转化率，最终实现销售增长。科学研究证实，"视觉"在五感中对思维判断的影响力最为显著，成为电商企业传递商品信息的关键途径。因此，商家若想让自家商品在众多竞品中脱颖而出，就必须借助"视觉手段"来吸引顾客眼球、提高购买意愿，最终实现营销目标。在此背景下，"网店美工"岗位应运而生，成为电商企业中不可或缺的典型工作岗位。

然而，编者发现，当前市面上关于网店美工的教材大多存在偏重理论而缺乏实践、专注于工具介绍却忽视与实际工作的结合、仅通过案例分析却未详尽阐述基础工具使用方法与技巧等问题。这些问题导致培养出的学生专业技能掌握得不够扎实、不够全面，或缺乏必要的实践能力，难以迅速胜任网店美工岗位，无法满足企业的实际需求。

为改变这一现状，编者所在的教学团队一直致力于网店美工系列课程的教学改革，经过数年的不懈努力，取得了显著成果。本书便是教学改革实践成果之一，以习近平新时代中国特色社会主义思想为指导，贯彻落实党的二十大精神编写而成。本书摒弃了传统教材的编写模式，将企业真实工作案例转化为包含知识点和技能点的典型工作任务，并围绕这些任务展开详尽的知识点与技能点讲解。学生在有针对性地学习这些知识点和技能点后，便能顺利完成典型工作任务，在掌握知识和技能的同时，也完成了企业实际的工作任务。在课堂上，学生以"员工"的身份参与"网店美工"岗位的日常工作，这为他们毕业后迅速适应岗位、满足企业需求奠定了坚实基础。

本书具有以下显著特点：

1. 坚持立德树人，把思政育人元素融入教材，将价值观塑造融于知识传授和能力培养中

本书深入贯彻党的二十大精神，将立德树人作为核心使命，实现全程育人、全方位育人。通过"德技并修"栏目，结合每个项目的工作内容与需求，挖掘教学内容、职业岗位、课程背景下的素质元素，将中国传统文化的文化自信、精益求精的工匠精神、诚实守信的商道原则、创新创作的职业精神等融入真实案例中。学生在学习网店美工知识与技能的同时，也能提升艺术修养、人文素养、文化自信、职业道德和职业精神，成为社会主义核心价值观的践行者和传播者。

2. 聚焦"三教"改革，岗课赛证融通

本书积极响应"职教20条"提出的加大"三教"改革力度的要求，突出数字商贸"岗课赛证"融通的新理念。

在对接岗位方面，根据网店美工岗位对新商科专业人才的要求，通过分析典型工作任务及所需职业能力，将课程分为技能篇和工作领域篇。技能篇主要培养基本职业技能，如图片修复、处理、美化和合成等；工作领域篇聚焦核心职业技能，如网店推广图、商品详情页和首页设计等。

在对接课程方面，坚持与课程同频共振，在开发和修订教材的同时，同步建设和优化线开放课程，确保两者步调一致、协同共进。

在对接大赛方面，本书培养的核心技能与电子商务技能竞赛、中高职一体化电子商务竞赛等竞赛所需的网店美工技能高度契合。

在对接证书方面，充分考虑《中华人民共和国职业分类大典（2022年版）》三级电子商务师的要求，形成科学的教材体系和内容。

3. 线上资源丰富，功能灵活多样

本书将现代信息技术融入纸质教材，嵌入102个微课二维码，便于教师进行二次开发和线上线下混合式教学改革，也便于学生根据个人偏好进行探究式自主学习。本书配套资源齐全，包括案例素材、慕课视频、人才培养方案、教案等。学生可通过扫描右侧二维码获取本书配套资源。

本书由绍兴职业技术学院王月婷、台州职业技术学院童海君担任主编，由绍兴职业技术学院马艳丽、聂爽爽、应吉平担任副主编，绍兴职业技术学院邓芮、丁芳芳和绍兴利企文化传媒有限公司陈建鑫参与编写。

本书的编写得到了很多同事的大力支持，在此深表谢意。

尽管编者在编写过程中付出了很大努力，但由于水平有限，书中难免存在疏漏之处，恳请广大读者批评指正。

编　者

目录 CONTENTS

⊙ 上篇　技能篇

项目一　基础工具 002

第一讲　移动工具 003
典型工作任务一：为海报添加模特 003
典型工作任务二：为详情页添加模块标签 005

第二讲　文字工具 006
典型工作任务一：对某企业招聘广告中的文字
　　　　　　　　进行排版 006
典型工作任务二：为海报添加图案文字 012
典型工作任务三：在海报上设计不规则形状的
　　　　　　　　区域文字 013

第三讲　画笔工具 014
典型工作任务一：为海报添加发光效果 017
典型工作任务二：为水晶鞋添加发光效果 018
典型工作任务三：为产品剖析图添加虚线 018

第四讲　图层 019
典型工作任务一：图片合成 024
典型工作任务二：给海报添加图层样式 025
典型工作任务三：给模特换装 026

项目二　抠图工具 028

第一讲　选框工具组 029
典型工作任务一：为手提袋做一个卖点
　　　　　　　　解析图 029
典型工作任务二：设计工商银行的标志 030
典型工作任务三：给小鸡移植美女的大眼睛 032

第二讲　套索工具组 033
典型工作任务一：利用套索工具制作坚果
　　　　　　　　海报 033
典型工作任务二：利用多边形套索工具制作
　　　　　　　　灯具海报 035
典型工作任务三：利用磁性套索工具制作
　　　　　　　　衬衣海报 036

第三讲　快速选择工具抠图 037
典型工作任务一：抠取手提袋 037
典型工作任务二：利用魔棒工具抠取模特 038

第四讲　钢笔工具抠图 040
典型工作任务：利用钢笔工具抠取行李箱 040

第五讲　背景橡皮擦抠图 ··············· 043
典型工作任务一：利用背景橡皮擦抠取半透明
　　　　　　　　鲜花 ··············· 043
典型工作任务二：利用背景橡皮擦抠取形状
　　　　　　　　复杂的鲜花 ··············· 045

第六讲　蒙版抠图 ··············· 046
典型工作任务：利用蒙版抠取婚纱照 ··············· 046

项目三　修图工具 ··············· 049

第一讲　裁剪工具 ··············· 050
典型工作任务一：裁剪模特图 ··············· 050
典型工作任务二：裁剪具有透视效果的计算机
　　　　　　　　屏幕 ··············· 051

第二讲　污点修复画笔工具 ··············· 052
典型工作任务一：处理掉小番茄图片中的绳子和
　　　　　　　　水印 ··············· 052
典型工作任务二：更改广告图价格 ··············· 054

第三讲　仿制图章工具 ··············· 055
典型工作任务：去掉模特图中的杂物 ··············· 055

第四讲　修复画笔工具 ··············· 057
典型工作任务：去除照片上的污点 ··············· 057

第五讲　修补工具 ··············· 058
典型工作任务：处理掉图片中的文字 ··············· 058

第六讲　图案图章工具 ··············· 061
典型工作任务：设计海报背景 ··············· 061

第七讲　图像调色 ··············· 063
典型工作任务一：调整整体偏暗的行李箱 ··············· 064
典型工作任务二：调整大红枣产品图 ··············· 065
典型工作任务三：制作丑橘主图 ··············· 066
典型工作任务四：调整丑橘的亮度及色彩 ··············· 066
典型工作任务五：调整模特图使颜色更加鲜艳 ··············· 067
典型工作任务六：调整大红枣图像 ··············· 068
典型工作任务七：用红色的手机支架调出
　　　　　　　　其他颜色的手机支架 ··············· 069

第八讲　模糊与锐化工具 ··············· 072
典型工作任务：虚化局部背景 ··············· 072

第九讲　液化滤镜 ··············· 073
典型工作任务：给模特瘦身 ··············· 073

第十讲　自由变换 ……………………… 076	第十二讲　渐变工具 ……………………… 088
典型工作任务一：调整模特大小 ……………… 076	典型工作任务一：制作渐变文字 ……………… 088
典型工作任务二：对模特进行变形处理 ……… 080	典型工作任务二：为产品制作高光效果 ……… 092
典型工作任务三：为计算机制作屏保图案 …… 080	
典型工作任务四：为海报添加透视效果的桌面 … 081	**项目四　工具综合应用** …………………… 093
典型工作任务五：将平面的蝴蝶变成立体的	典型工作任务一：处理手表表带 ……………… 094
蝴蝶 …………………………… 083	典型工作任务二：为女裤店处理模特图 ……… 095
典型工作任务六：修复变形的衣服 …………… 084	典型工作任务三：设计平板电脑海报 ………… 097
第十一讲　"变换" | "再次" ……………… 085	典型工作任务四：设计女包活动海报 ………… 100
典型工作任务：为海报添加圆点营造气氛 …… 085	典型工作任务五：设计显示器海报 …………… 102

⊙ 下篇　工作领域篇

项目五　网店视觉推广图设计 ………… 107	第二讲　直通车推广图设计 ……………… 113
第一讲　店内海报推广图设计 …………… 108	典型工作任务：为3C数码店设计一张
典型工作任务：为3C数码店设计一张店内	直通车图 ……………………… 113
海报图 ………………………… 108	第三讲　钻展推广图设计 ………………… 116
	典型工作任务：为母婴店设计一张钻展推广图 … 116

第四讲　活动推广图设计……………… 119

典型工作任务：为食品店设计一张中秋活动

　　　　　　　推广图…………………………… 119

项目六　商品详情页设计 …………… 123

第一讲　商品主图设计…………………… 124

典型工作任务：为剃须刀设计一款主图……… 124

第二讲　商品详情页设计内容…………… 131

典型工作任务：为水蜜桃设计一款详情页…… 131

第三讲　首屏海报模块设计……………… 136

第四讲　产品参数模块设计……………… 139

第五讲　产品卖点模块设计……………… 141

第六讲　痛点分析模块设计……………… 142

第七讲　产品特点模块设计……………… 145

第八讲　产品细节模块设计……………… 146

第九讲　产品实拍模块设计……………… 147

第十讲　食用方法模块设计……………… 148

第十一讲　关于快递模块设计…………… 149

项目七　网店视觉首页设计 …………… 150

第一讲　首页概述………………………… 151

典型工作任务：为化妆品设计一款首页……… 151

第二讲　店招模块设计…………………… 158

第三讲　首屏海报模块设计……………… 159

第四讲　优惠券模块设计………………… 160

第五讲　分类模块设计…………………… 161

第六讲　商品推广模块设计……………… 162

第七讲　页尾模块设计…………………… 165

参考文献 ……………………………… 166

上篇 技能篇

Part One

　　技能篇按照网店美工岗位的技术要求，设置了基础工具、抠图工具、修图工具、工具综合应用4个项目，主要培养学生在图片修复、图片处理、图片美化及图片合成等"网店美工"岗位的基本职业技能。

PROJECT ONE
项目一 基础工具

◆ **知识目标**

1. 掌握移动工具的属性及使用方法;
2. 掌握文字工具的属性及使用方法;
3. 掌握画笔工具的属性及使用方法;
4. 掌握图层的概念及属性;
5. 掌握蒙版的作用及使用方法;
6. 熟悉图层各种混合模式的计算原理及混合效果。

◆ **能力目标**

1. 能够熟练地使用移动工具;
2. 能够熟练地使用文字工具;
3. 能够熟练地使用画笔工具;
4. 能够熟练地应用图层的各种属性;
5. 能够熟练地使用蒙版;
6. 能够熟练地使用图层的各种混合模式。

◆ **素质目标**

1. 树立认真的工作作风、一丝不苟的做事态度;
2. 培养精益求精的工匠精神;
3. 培养举一反三、知识迁移的自学能力;
4. 培养独立思考、综合利用所学工具解决美工岗位实际问题的能力;
5. 培养善于思考、积极创造的创新能力。

第一讲　移动工具

移动工具是 Photoshop 软件中使用频率非常高的工具，其主要功能是负责图层、选区等的移动、复制操作。

典型工作任务一：为海报添加模特

任务解析：

移动图 1-1 中的模特到图 1-2 中，并调整模特的大小和位置，做出图 1-3 所示的广告图。

图 1-1　　　　　　图 1-2

图 1-3

知识点讲解：

Photoshop 工作界面如图 1-4 所示。

图 1-4

（1）移动工具使用方法。首先选中工具箱中的移动工具，然后单击想要移动的元素所在的图层使其处于当前活动图层，之后在工作界面按住鼠标左键，就可以上下左右自由移动该图层。

用移动工具移动图层的时候，如果图层如图1-5所示处于锁定状态，那么必须先解锁图层才能用移动工具进行移动。双击被锁图层会弹出如图1-6所示的"新建图层"对话框，修改"名称"等参数后单击"确定"按钮即可解锁图层。

当使用移动工具移动图层的时候，图层上所有元素会跟着一起移动，不同图层之间互不影响。下面对在同一图层或不同图层下使用移动工具的方法进行详细讲解。

①白色背景和模特在同一个图层时（图1-7），移动图1-8中的模特，白色背景跟着一起移动，如图1-9所示。

图 1-5　　　　　　　　图 1-6　　　　　　　　图 1-7

②白色背景和模特在不同的图层时（图1-10），移动图1-8中的模特，白色的背景不受影响，如图1-11所示。同理，移动白色的背景，模特也不会受影响。

图 1-8　　　　图 1-9　　　　图 1-10　　　　图 1-11

（2）运用移动工具进行快速复制。在移动元素的同时按下Alt键，则可复制出与之相同的元素，原来的元素仍留在原来的位置，移动的是复制出来的元素。

（3）移动一个文件中的图像到另外一个文件上。选中要移动的元素，按下鼠标左键不要松手，将其拖到第二个文件的文件名上，当第二个文件的文件名变亮时，继续拖动鼠标，直到要移动的元素出现在第二个文件上。

（4）移动工具属性：显示变换控件。在移动工具选项栏中勾选"显示变换控件"复选框，当前图层的图像上就会出现8个控制柄和1个旋转中心（图1-12）。4个顶点上的控制柄为角点，4条边上的控制柄为边点。光标放到蓝色标注的边点上时，会出现水平方向的双向箭头，这时水平拖动边点可以对模特进行水平方向的缩放；光标放到绿色标注的边点上时，会出现垂直方向的双向箭头，这时垂直拖动边点可以对模特进行垂直方向的缩放；光标放到红色标注的角点上时，会出现45°方向的双向箭头，斜着拖动角点可以同时对模特进行水平和垂直方向的缩放，如果在拖动的同时按下Shift键还可以进行等比例缩放；黄色标注的为旋转中心，把光标放到控制线之外会出现弧形双向箭头，拖动鼠标，模特就会绕着旋转中心旋转。旋转中心的位置可以移动到任何位置，甚至可以移动到模特之外。

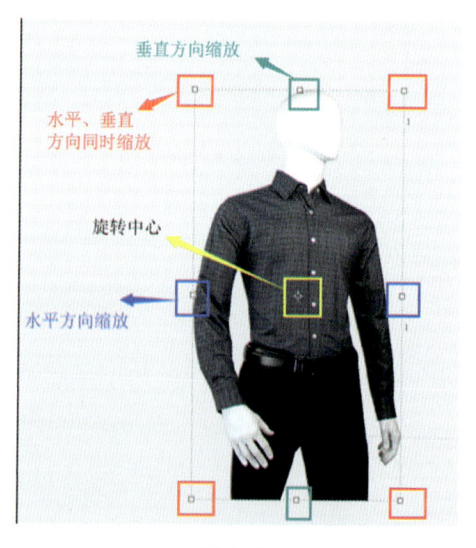

图 1-12

步骤解析：

Step 1： 用Photoshop打开图1-1和图1-2，然后拖动图1-1中的模特到图1-2的文件名上，当图1-2的文件名

项目一　基础工具　005

变亮的时候，拖动模特到图 1-2 中，完成模特在两个文件之间的移动，得到图 1-13 所示的效果。

Step 2：勾选"显示变换控件"复选框，通过模特周围出现的控制柄，调整模特的大小和位置，调整完成后单击工具栏的"提交"按钮或按下 Enter 键完成操作，得到如图 1-14 所示的效果。

图 1-13

图 1-14

典型工作任务二：为详情页添加模块标签

德技并修

【职业能力：举一反三的自学能力】

在使用移动工具时，要灵活应用移动工具的每个属性，要能够解决实际的问题，从而养成举一反三、知识迁移的自学能力。

任务解析：

参照图 1-15 所示"产品参数"模块标签，为详情页添加"产品解析""效果展示""产品展示"等模块标签。

知识点讲解：

勾选移动工具选项栏中的"自动选择"复选框，可以比较智能地选择图层对象，不用专门切换图层。"自动选择"有"图层"和"组"两个选项。选择"图层"选项时，在具有多个图层的图像上单击，系统将自动选中单击元素所在的图层。选择"组"选项时，在已合并成组的图层的图像上单击，系统将自动选中单击元素所在的组。

步骤解析：

Step 1：单击"图层"面板下面的"创建新组"按钮，新建一个组，双击文件名，重命名为"标签"，如图 1-16 所示。

Step 2：将横线、矩形框、产品参数、Product parameters 这 4 个图层拖到"标签"组里面，如图 1-17 所示。

Step 3：在移动工具选项栏中勾选"自动选择"复选框，属性选择"组"，如图 1-18 所示。

图 1-15　　　　图 1-16　　　　图 1-17　　　　图 1-18

Step 4：按 Alt 键，向下拖动绿色矩形框，移动并复制出来一个"标签"副本，为了让所有的标签对齐，向下拖动的时候再按下 Shift 键，用于保证是向下垂直拖动，不会左右水平偏移。按照同样的方法再操作两次，移动并复制另外两个"标签"副本，效果如图 1-19 所示。

Step 5：修改"标签"副本的中文和英文标题，如图 1-20 所示。

Step 6：将移动工具选项栏中的"自动选择"的属性改成"图层"，依次移动"标签"副本的英文位置，使英文标题居中对齐，如图 1-21 所示。

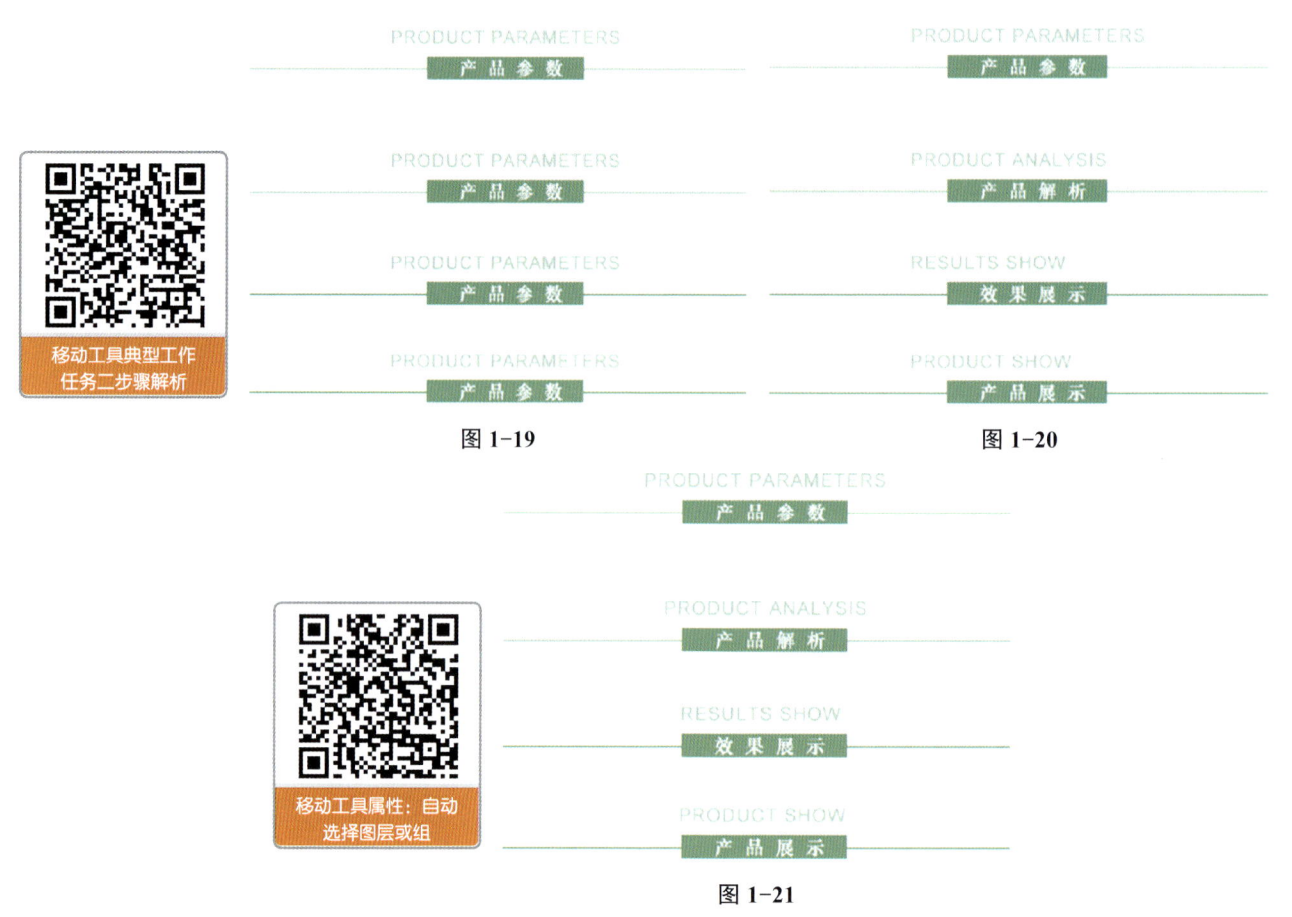

图 1-19   图 1-20

图 1-21

Step 7：将移动工具选项栏中的"自动选择"的属性改成"组"，分别将制作好的"产品解析""效果展示""产品展示"标签移动到合适的位置。

第二讲 文字工具

文字工具共有横排文字、直排文字、横排文字蒙版和直排文字蒙版 4 个。下面将以横排文字工具为例进行介绍。

典型工作任务一：对某企业招聘广告中的文字进行排版

德技并修

【职业道德：耐心细致的工作作风】

文字工具的属性比较多，在使用文字工具的时候要搞清楚每个属性的用法与技巧，养成耐心细致的工作作风。

任务解析：

为某企业美工招聘广告中的文字进行合理排版，本海报中包含大段文字，需要对文字进行合理排版，如图 1-22 所示。

知识点讲解：

点文字使用方法：选择文字工具后，在需要输入文字的地方单击鼠标左键，单击处会出现输入光标，根据需要输入文字即可，按 Enter 键可进行换行，输入完成后需要按 Ctrl+Enter 键或单击文字工具选项栏的提交按钮。这种输入方式称为点文字。但这种输入方式有一个缺点，文字不能自动换行。

段落文字使用方法：选择文字工具，在需要输入文字的地方按下鼠标左键并拖动出一个矩形文本框后再松手，然后在文本框内输入文字，便可创建出段落文字。段落文字可以自动换行，如果对文本框进行缩放、旋转、斜切等操作，文字会随之变化。

接下来让我们通过宣传册的制作来感受一下点文字和段落文字的优缺点。

步骤解析：

Step 1：在"公司简介"模块下方单击鼠标左键建立点文字，输入相关内容。因为点文字不会自动换行，所以文字会超出规划的范围，甚至超出文件，如图 1-23 所示。

Step 2：尝试解决问题，按 Enter 键对点文字进行换行，如图 1-24 所示。

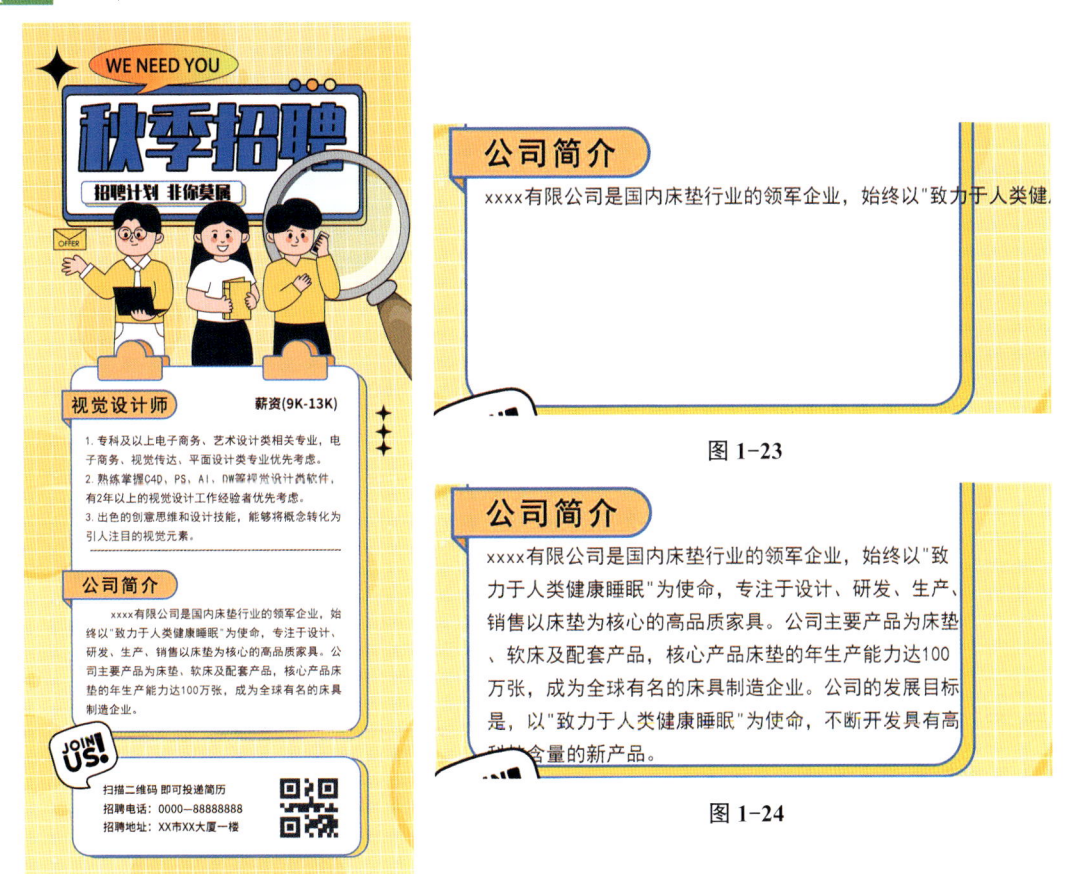

图 1-22

图 1-23

图 1-24

Step 3：按空格键对文字进行首行缩进，因为点文字不会自动换行，完成首行缩进后第一行就会多出两个字。如图 1-25 所示。如果将多余的两个字手动换行，多出的两个字则会单独成一行，如图 1-26 所示。

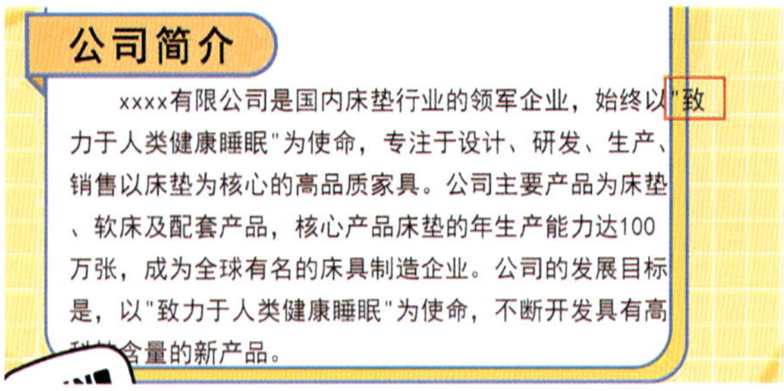

图 1-25 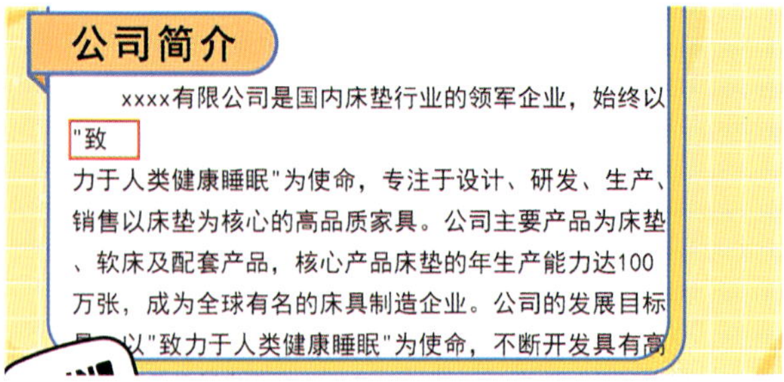　　　　　　　　　　　　　图 1-26

Step 4：此时如想解决问题就必须撤销所有的换行，重新手动换行，如图 1-27 所示。

经过一番操作之后发现左下角有几个文字被遮挡住了，如图 1-27 所示。如果要缩小字号，是不是还要撤销所有的换行，重新手动换行？因为点文字不能自动换行，所以牵一发而动全身，我们进行这项修改将周而复始，永无尽头，而段落文字刚好解决了这个问题。段落文字可编辑性很强，非常灵活。无论是首行缩进、改变字号还是添加文字，都可以自动换行，重新排版。

Step 5：删除前面做的点文字，接下来我们试一下段落文字的便捷。选择文字工具，在蓝色框内按住鼠标左键拖动出一个矩形文本框，如图 1-28 所示。

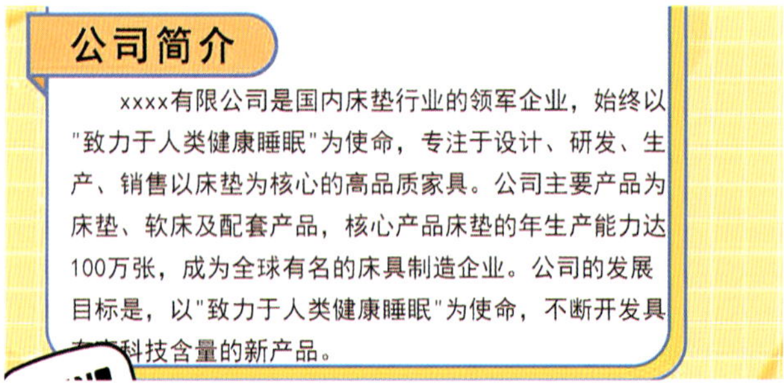

图 1-27 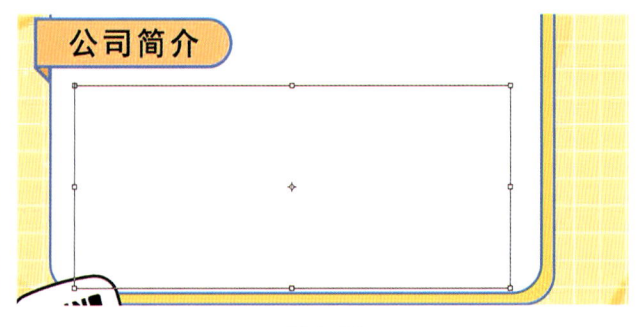　　　　　　　　　　　　　图 1-28

Step 6：输入文字，文字到文本框右侧的时候会自动换行，如图 1-29 所示。

Step 7：对文字首行进行缩进，每行多出来的两个字会自动转到下一行，如图 1-30 所示。

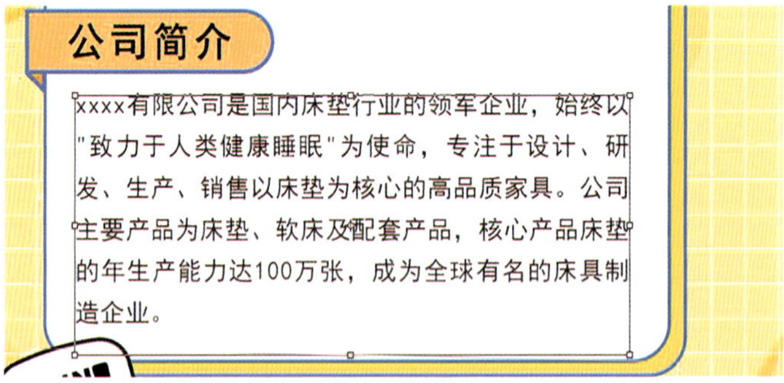

图 1-29

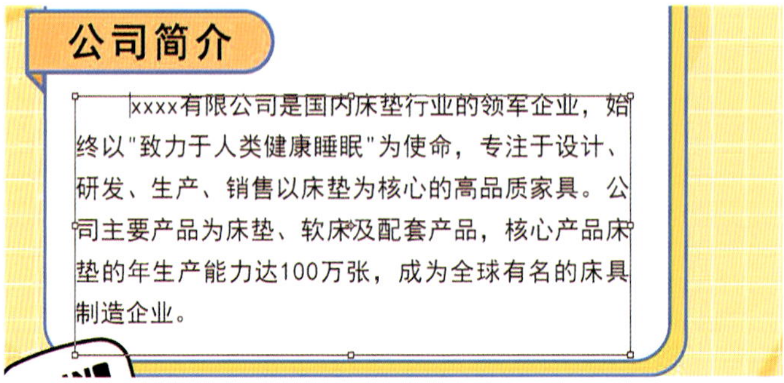

图 1-30

Step 8：在"视觉设计师"下方蓝框内按住鼠标左键，拖动出一个矩形文本框，如图1-31所示。添加相应的文字，如图1-32所示。

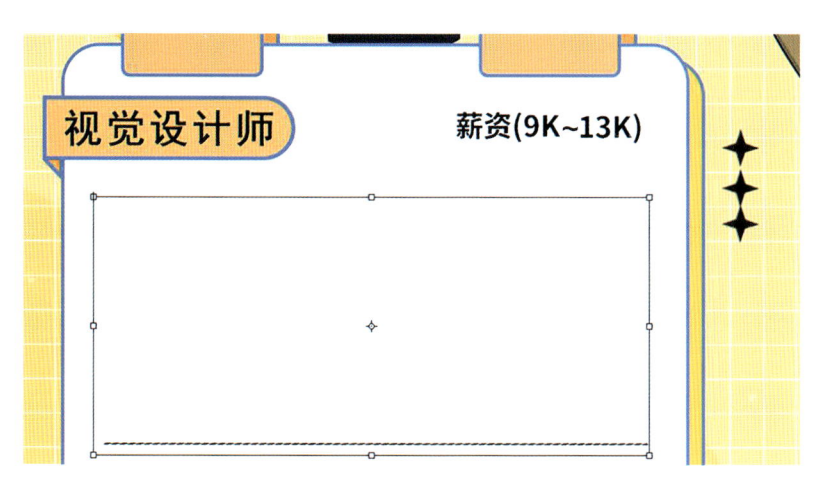

图1-31

图1-32

输入完成后，Photoshop 会自动建立一个文字图层，将文字以独立图层的形式存放，图层名称是文字的内容。文字图层具有和普通图层一样的性质，如图层混合模式、不透明度等，也可以使用图层样式。

如果要更改已输入的文字内容，在选择了文字工具的前提下，将光标停留在文字上方，光标将变为Ⅰ，单击后即可进入段落编辑状态。可以在段落中拖动选择多个字符后单独更改选中字符的相关设定，文字工具选项栏如图 1-33 所示。下面对文字工具选项栏的各选项进行详细讲解。

图 1-33

排列方向：排列方向决定文字以横向排列（即横排）还是以竖向排列（即直排），其实选用横排文字工具或是直排文字工具都不太重要，因为编辑时可以通过"切换文本取向"按钮切换文字排列的方向。使用时，文字图层不必处于编辑状态，只需要在"图层"面板中选择即可生效。需要注意的是，即使文字图层处于编辑状态，并且只选择其中一些文字，但该选项还是将改变该层所有文字的方向，也就是说，这个选项不能针对个别字符。

字体：在"字体"选项中可以选择使用何种字体，不同的字体有不同的风格。

Photoshop 所使用的字体是系统自带字体，因此，对操作系统字库的增减会影响 Photoshop 能够使用的字体数量。需要注意的是，如果选择英文字体，可能无法正确显示中文，因此，输入中文时应使用中文字体。Windows 系统默认附带的中文字体有宋体、黑体、楷体等。

形式：字体形式分别有 Regular（标准）、Italic（倾斜）、Bold（加粗）、Bold Italic（加粗并倾斜）4 种。可以为同在一个文字图层中的每个字符单独指定字体形式。并不是所有的字体都支持更改形式，大部分中文字体都不支持，但是可以通过"字符"面板来指定。"字符"面板会在后面的段落里进行详细介绍。

大小：字体大小也称为字号，下拉列表中有常用的几种字号，也可手动设定字号。字号的单位有"像素""点""毫米"三种。

抗锯齿："抗锯齿"选项用于控制字体边缘是否带有羽化效果。如果字号较大，就应开启该选项以得到光滑的边缘，这样文字看起来较为柔和。但对于较小的字号来说，开启"抗锯齿"选项可能会导致阅读困难。这是因为较小的字本身的笔画较细，在较细的部位羽化容易丢失细节，此时关闭"抗锯齿"选项反而有利于清晰地显示文字，如图 1-34 所示。该选项只针对文字图层整体有效。

图 1-34

对齐方向：用于设置文字的对齐方向有左对齐、中对齐或右对齐，这对于多行的文字内容尤为有用。如图 1-35 所示分别是文字左对齐、中对齐和右对齐的效果。可为同一文字图层中的不同行指定不同的对齐方式。如果文字方向为直排，对齐方式将变为顶对齐、居中对齐、底对齐。

www.blueidea.com
www.photoshopcn.com
www.twdesign.net
www.99ut.com
www.zhaopeng.net

www.blueidea.com
www.photoshopcn.com
www.twdesign.net
www.99ut.com
www.zhaopeng.net

www.blueidea.com
www.photoshopcn.com
www.twdesign.net
www.99ut.com
www.zhaopeng.net

图 1-35

颜色：用于改变文字的颜色，可以针对单个字符，如图 1-36 所示。如果设置了单独字符的颜色，当选择文字图层时工具选项栏中的颜色缩览图将显示为"?"。

在更改文字颜色时，如果通过"颜色"面板来选取颜色，效率很低，特别是要更改大量的独立字符时非常麻烦。在选择文字后通过"色板"面板来选取颜色则速度较快。如果某种颜色需要反复使用，可以将其添加到"色板"面板中（拾取前景色后，单击"色板"面板下方的"新建"按钮即可）。需要注意的是，字符处在被选择状态时，颜色将反相显示，如图 1-37 所示，在色板中指定为黄色后，在图像中却显示为蓝色，取消选择后颜色即可恢复正常。

图 1-36　　　　　　　　　　　　图 1-37

变形：变形功能可以令文字产生变形效果，如图 1-38 所示。可以选择变形的样式及设置相应的参数，变形效果如图 1-39 所示。需要注意的是，其仅针对整个文字图层而不能单独针对某些文字。如果要制作多种文字变形混合的效果，可以通过将文字分次输入不同文字图层，然后分别设定变形的方法实现。

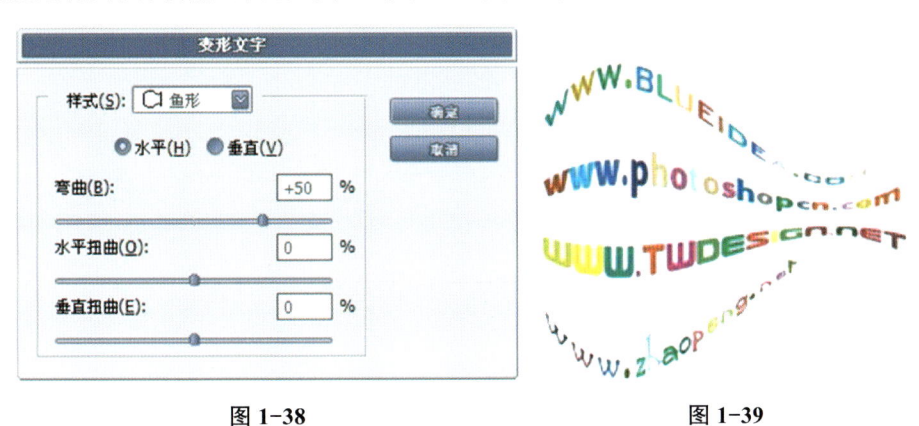

图 1-38　　　　　　　　　　　　图 1-39

文字图层是一种特殊的图层，不能通过传统的选取工具选择某些文字（转换为普通图层后可以，也称为栅格化图层，但不能再更改文字内容），而只能在编辑状态下，拖动鼠标在文字中去选择某些字符。如果选择多个字符，则字符之间必须是相连的。例如，要将 BLUE 字样中的字符 B 和字符 E 改为蓝色，由于它们之间不相连，只能先选择 B 进行更改，再选择 E 进行更改。如果是更改字符 B 和 L，就可以一次拖动选择 B 和 L，然后统一更改。

在文字工具选项栏中，有些选项是不能针对单个字符的。它们是"排列方向""抗锯齿""对齐方向""变形"。其中除了"对齐方向"选项可针对文字行以外，其余都只能针对整个文字图层。

以上是在文字工具选项栏中出现的选项。执行菜单栏中的"窗口"|"字符"命令，就会弹出"字符"面板，在其中可以对文字进行更多的设置，如图 1-40 所示。在实际使用中很少直接在工具选项栏中更改选项，大多数都是通过"字符"面板完成对文字的调整。其中的字体、字体形式、字号、颜色、抗锯齿等选项就不重复介绍了，下面对另外几个常用的选项进行讲解。

行距：用于控制文字行之间的距离。行距设置为"自动"

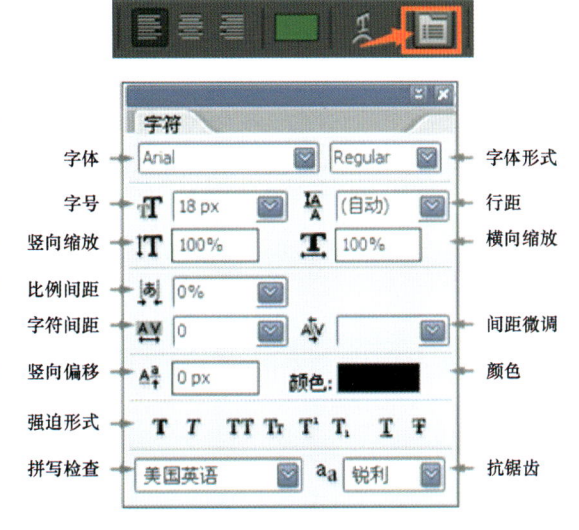

图 1-40

时，则会跟随字号的改变而改变，当行距设置为固定的数值时，则不会随字号的改变而改变。因此，如果手动设置了行距，在更改字号后也要重新设置行距。如果行距设置过小，则可能出现行与行重叠的情况。图1-41是自动行距与手动指定为12像素行距的比较。

竖向缩放/横向缩放：竖向缩放相当于把字体变高或变矮，横向缩放相当于把字体变胖和变瘦，数值小于100%为缩小，大于100%为放大。图1-42中3个字分别为标准、竖向50%、横向50%的效果。

图 1-41 　　　　　　　　　　图 1-42

字符间距/比例间距：它们的作用都是更改字符与字符之间的距离，但在原理和效果上不相同。字符间距是通过输入数值对字符间距进行调整，可以输入负值，从而使字符与字符之间的距离比默认间距更大；比例间距是通过设置比例对字符间距进行调整，范围在0%～100%之间。

间距微调：用来调整两个字符之间的距离，其使用方法与字符间距选项相同。但其只对某两个字符之间的距离有效。因此只有当文本输入光标置于字符之间时，这个选项才能使用。

竖向偏移：其作用是将字符进行上下调整，常用来制作上标和下标。正数为上升，负数为下降。一般来说作为上、下标的字符应使用较小的字号，如图1-43所示。

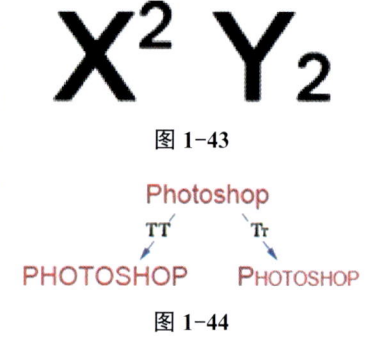

强迫形式：这个名称是编者为了与文字形式相区别而起的，它的作用也和文字形式一样是将字体进行加粗、加斜等，但其选项更多。即使字体本身不支持改变形式，在这里也可以强迫指定。它与字体形式可以同时使用，效果加倍（更斜、更粗）。其中的"全部大写字母"选项TT的作用是将文本中的所有小写字母都转换为大写字母。"小型大写字母"选项Tr的作用虽也是将所有小写字母转为大写，但转换后的大写字母将参照原有小写字母的大小，如图1-44所示。

"上标"选项T¹与"下标"选项T₁的作用与竖向偏移类似，不同的是增加了可同时缩小字号的功能。"下画线"选项T与"删除线"选项T的作用是在字体下方及中部产生一条横线。

图 1-43

图 1-44

典型工作任务二：为海报添加图案文字

任务解析：
有时在设计海报时需要做图案文字，如图1-45所示的"夏季女装新款"这几个字就是图案文字。

步骤解析：
Step 1：选择横排文字蒙版工具，在需要的图案上单击，建立点文字，如图1-46所示。
Step 2：完成之后按Ctrl+Enter键或单击工具选项栏中的"提交"按钮✔，建立的蒙版文字就变成了选区，这个选区与用其他工具建立的选区的功能是一样的，只是蒙版文字建立的是文字形状的选区，没有建立真正的文字，如图1-47所示。
Step 3：通过键盘上的上、下、左、右方向键移动选区，将选区调整到合适的位置。然后选择移动工具移动选区，得到如图1-48所示的效果，按快捷键Ctrl+D取消选区。如果不想使原位置变成镂空的，在使用移动工具移动选区的时候按下Alt键，这样在同一个文件内移动的时候就可以自带复制功能，相当于复制出一个文字形状的图案。

图 1-45 　　　　　　　　　　　　　　　图 1-46

图 1-47 　　　　　　　　　　　　　　　图 1-48

典型工作任务三：在海报上设计不规则形状的区域文字

任务解析：

有时需要根据海报上图案的形状设计不规则形状的区域文字。

步骤解析：

Step 1： 选择钢笔工具，根据图案的形状在海报上做如图 1-49 所示的闭合路径。

Step 2： 选择横排文字工具，把光标移到上一步建立的路径内，当光标变成一个圆圈加文字光标的时候，单击鼠标左键，光标便会定位到建好的路径之内，此时输入文字，文字会以创建好的路径为边界自动换行，完成后单击"确定"按钮，如图 1-50 所示。

除了以上排列方式，文字还可以依照路径来排列，路径可以是开放的也可以是闭合的。具体操作方法：先用钢笔工具创建一条路径，然后选择文字工具，把光标放到路径上会出现一个曲线光标，单击鼠标左键定位光标，输入文字，文字就会沿着路径排列，如图 1-51 所示。

在自定义形状里面选择心形，创建心形路径，选择文字工具，把光标放到路径上会出现一个曲线光标，单击鼠标左键定位光标，输入文字，文字就会沿着路径排列，如图 1-52 所示。

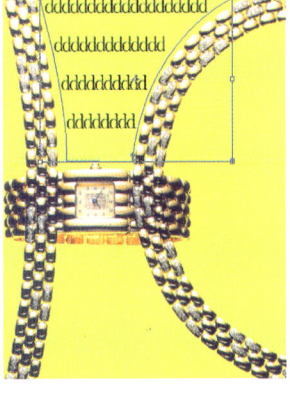

一般来说，想要在 Photoshop 中绘制虚线和点线是比较麻烦的，但可以通过路径走向文字实现。分别以若干字符"-"和字符"."沿路径走向排列，即可形成虚线和点线，也可以综合使用其他字符，如图 1-53 所示。虚线的

图 1-49　　　　　　　　　　图 1-50

形态可以通过字符调板控制，通过字号控制虚线的大小，通过字符间距控制虚线间隙的大小。

图 1-51　　　　　　　　图 1-52　　　　　　　　图 1-53

第三讲　画笔工具

画笔工具，顾名思义，就是用来绘制图画的工具。画笔工具是手绘时最常用的工具，它可以用来上色、画线等。

画笔工具在电商美工设计中的应用非常广泛，也非常灵活。因此要学会分析实际需求，然后多动脑、多思考用什么工具解决自己的难题。

（1）画笔的颜色默认为前景色的颜色。设置前景色为黑色，绘制头的外轮廓，如图 1-54 所示。设置前景色为橙色，绘制眼睛，如图 1-55 所示。设置前景色为蓝色，绘制嘴巴，如图 1-56 所示。

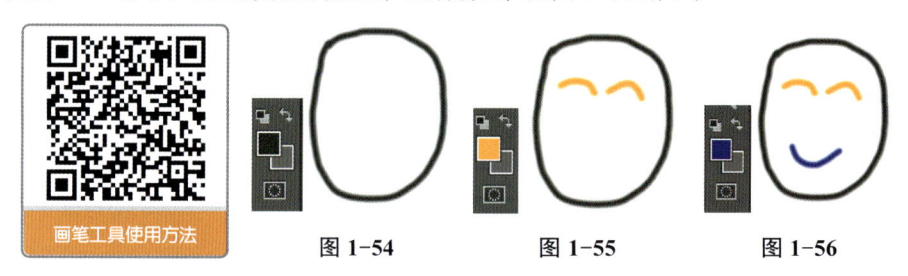

图 1-54　　　　　　　图 1-55　　　　　　　图 1-56

（2）单击画笔工具选项栏中"画笔预设"选取器旁边的下拉三角按钮，在弹出的面板中可以设置画笔的大小、硬度、笔刷，如图 1-57 所示。

设置画笔大小：画笔大小就是笔触的粗细，可以直接在"大小"右侧的文本框中输入像素值调整画笔大小，也可以拖动"大小"下面的滑块调整画笔大小，或使用快捷键调整画笔大小，按"["键调小，按"]"键调大。下面看一个实例，将画笔硬度设置为 100%，画笔大小分别设置为 5、10、15、20、25 像素，绘制点和线，得到如图 1-58 所示的效果。

设置画笔硬度：画笔硬度可以理解为笔触画在纸上的力度。百分比大，则力度大、颜色深，笔迹与周围的对比就会更加明显。百分比小，则力度小，形成一种类似羽化的效果，能够更好地融入周围的环境。调整画笔的硬度可以直接在"硬度"右侧的文本框中输入数值，也可以拖动"硬度"下面的滑块，或使用快捷键，按 Shift+"["键调大硬度，按 Shift+"]"键调小硬度。下面看一个实例，将画笔大小设置为 20 像素，画笔硬度分别设置为 100%、75%、50%、25%、0%，绘制点和线，得到如图 1-59 所示的效果。

设置画笔笔刷：画笔笔刷就是画笔笔尖的形状。线是由无数个点组成的，笔触就是组成线的最小单位。下面看一个实例，将前景色设置成红

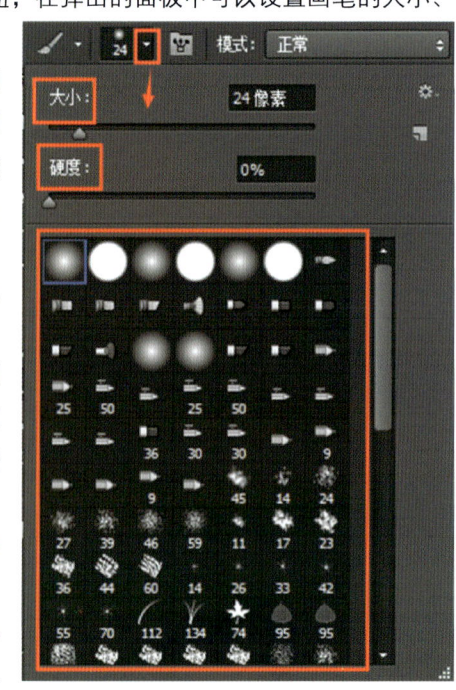

图 1-57

色，选择不同的笔触，分别绘制点和直线，得到如图 1-60 所示的效果。

单击画笔工具选项栏中"画笔预设"选取器旁边的下拉三角按钮，在弹出的面板中单击右上角的"设置"按钮，会弹出一个菜单，这个菜单中有很多预设好的画笔笔触，如混合画笔、基本画笔等。例如添加一个自然画笔，选择"自然画笔"选项，会弹出一个提示框，问"是否用自然画笔中的画笔替换当前的画笔？"，单击"确定"按钮则会用自然画笔替换掉原来的画笔，单击"取消"按钮则会取消当前操作，单击"追加"按钮则会在原来的画笔后面添加自然画笔，如图 1-61 所示。

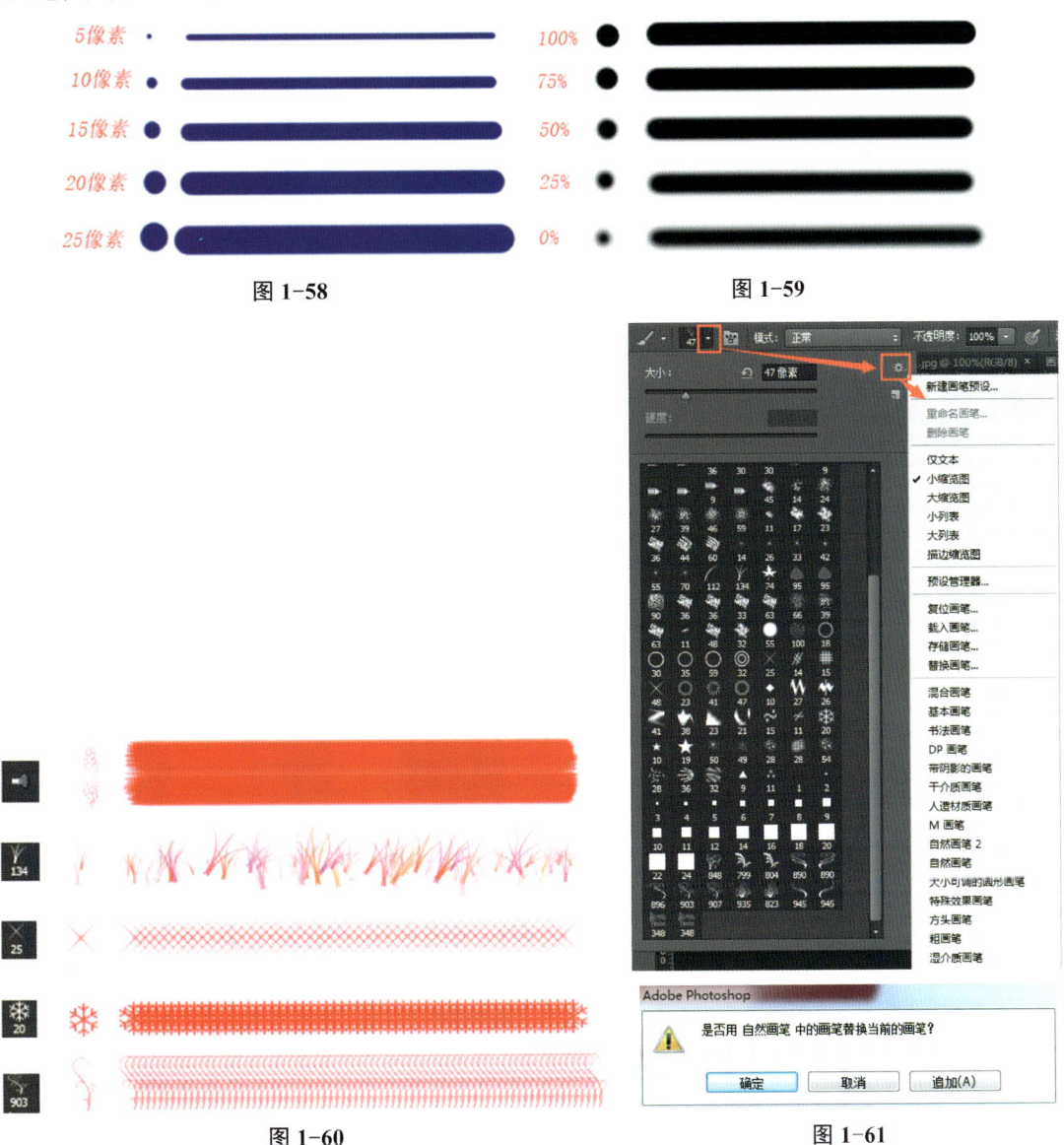

图 1-58

图 1-59

图 1-60

图 1-61

除此之外，在这个设置菜单中还可以改变笔触的预览方式，复位画笔、载入画笔、存储画笔等，具体的使用方法会在后面的实例中讲解。

外部画笔下载与载入：如果用户觉得系统中预设的画笔不够用，可以自己载入网上下载的 abr 格式的画笔笔触。选择画笔工具，单击画笔工具选项栏中"画笔预设"选取器旁边的下拉三角按钮，在弹出的面板中单击右上角的"设置"按钮，然后在弹出的菜单中选择"载入画笔"选项，会弹出"载入"对话框，找到下载好的 abr 格式的画笔笔触，然后单击"载入"按钮，新载入的画笔就会添加到原画笔的下方，如图 1-62 所示。

自定义画笔：在使用 Photoshop 时，经常会用到一些特殊形状，并且是需要大量使用的形状，制作时一般会花费大量时间，这时可以将这个形状自定义成画笔进行绘制，这样能够节约时间。具体操作方法：首先设计或抠取好需要的图案、形状或文字等，然后执行菜单栏的"编辑"|"定义画笔预设"命令，在弹出的"画笔名称"对话框中

设置画笔的名称，之后单击"确定"按钮，新定义的画笔将会添加到原画笔的后面，如图1-63所示。

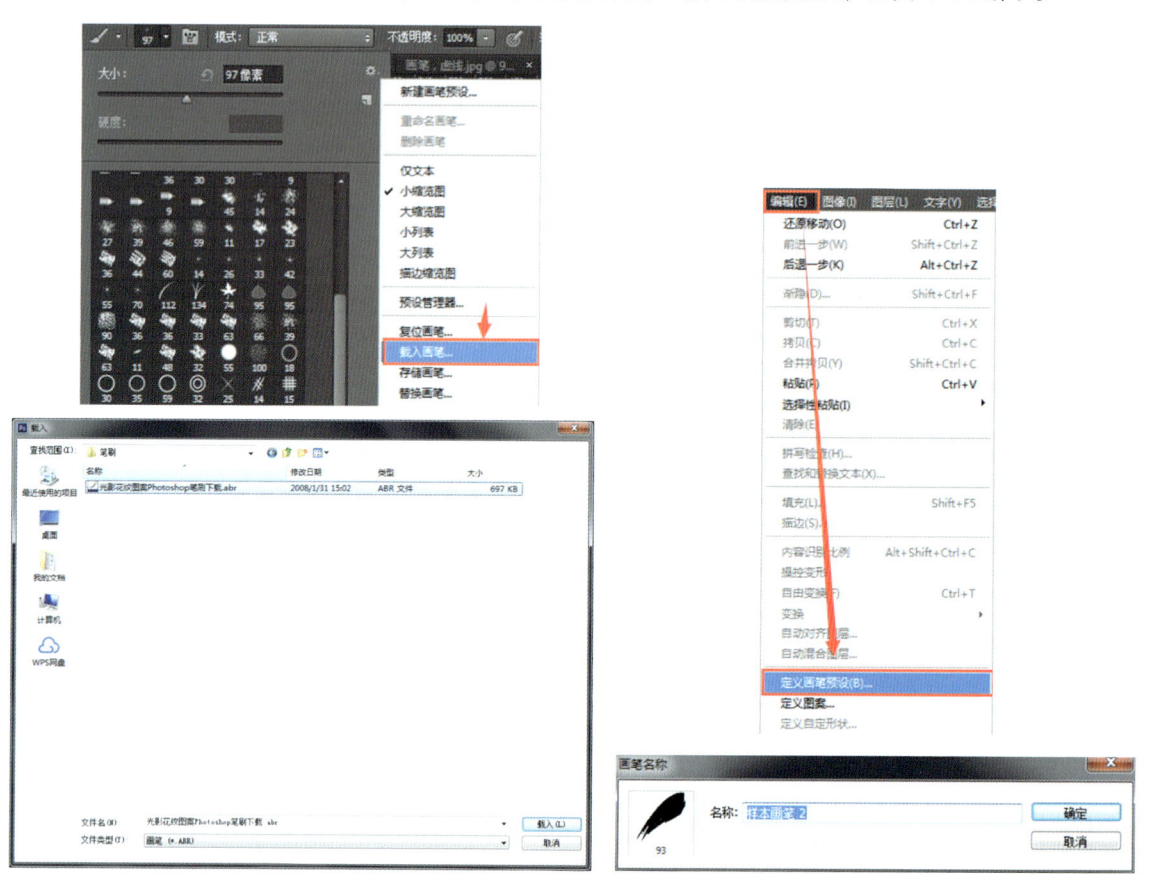

图1-62

图1-63

存储画笔：还可以将自己设计的画笔存储为abr格式分享给他人使用，具体操作步骤：设计好画笔之后执行"存储画笔"命令，则会弹出"存储"对话框，设置好画笔存储路径和名称，单击"确定"按钮就完成了存储。之后就可以将其发布到网上供他人使用，如图1-64所示。

（3）高级参数设置。单击画笔工具选项栏中的"切换画笔面板"按钮或按快捷键F5，可以调出画笔设置面板设置高级参数，如图1-65所示。

图1-64

图1-65

画笔笔尖形状：调整画笔的翻转、角度、圆度及间距等相关参数可以使笔刷达到更加理想的效果。选择小草笔刷做一个试验，每次只改变一个参数，便于和默认笔刷进行比较，效果如图1-66所示。

形状动态：主要用于微调笔刷的尺寸、角度和圆度。如果有绘图板，可以调节倾斜。如果用鼠标绘图，可以尝试渐隐。角度抖动和圆度抖动都可以自动调节。

散布：可以修改笔尖的布置，并且将它们散布到笔画路径的四周。

纹理：可以改变笔刷的绘制效果，增加路径绘制的纹理感觉，通过调整深度、高度、对比度和抖动的数值调整纹理效果。

双重画笔：在原有笔刷基础上叠加一个笔刷，创建新的画笔。

传递：用来改变笔刷的可见度（流量和不透明度）。

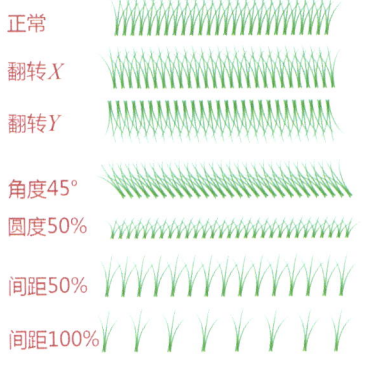

图 1-66

德技并修

【职业精神：举一反三的自学能力】

在用画笔工具做图片处理时要灵活应用画笔工具的属性，从而养成举一反三、知识迁移的自学能力。

【职业能力：积极创造的创新创意能力、浸润心灵的审美素养】

在用画笔工具进行图片处理和美化时，不仅要能灵活应用画笔工具的属性，还要能灵活设计一些特效，增加图片的氛围感，从而养成积极思考、积极创造的创新创意能力，并提高审美素养。

典型工作任务一：为海报添加发光效果

任务解析：

为了烘托海报的活动气氛，为海报添加发光效果。

步骤解析：

Step 1：打开Photoshop，导入素材，如图1-67所示。

图 1-67

Step 2：添加混合画笔，选择"交叉排线"笔刷，设置画笔大小，将前景色设置为黄色。单击鼠标左键，添加金黄色发光效果，如图1-68所示。

Step 3：将笔刷改成"星爆"，将前景色改成白色。单击鼠标左键，添加白色发光效果，如图1-69所示。

图 1-68　　　　　　　　　　　图 1-69

典型工作任务二：为水晶鞋添加发光效果

任务解析：

黄金首饰、带钻石或水晶的产品经常需要做一些发光效果，本任务就是为水晶鞋添加钻石发光效果。

步骤解析：

Step 1：打开 Photoshop，导入如图 1-70 所示的素材。

Step 2：新建一个 80 像素×80 像素的图层。选择混合画笔里的"交叉排线"笔刷，将前景色设置为白色。在新建图层上单击，画一个笔刷，笔刷的颜色不用设置，因为笔刷建好之后保存的是灰度图像，不保留原图像的所有彩色颜色，如图 1-71 所示。

Step 3：按自由变换快捷键 Ctrl+T 将笔刷旋转 45°，然后将笔刷缩小一些，在原来的基础上再画一个小的笔刷，如图 1-72 所示。

Step 4：隐藏背景图层，执行菜单栏中的"编辑"|"定义画笔预设"命令，在弹出的"画笔名称"对话框中将设计的画笔命名为"发光星型"，之后单击"确定"按钮。

Step 5：打开水晶鞋图层，选择自定义的"发光星型"笔刷，将前景色设置成白色。单击鼠标，在水晶鞋上添加水晶发光效果，为了更加逼真，可以改变画笔的大小、圆度、角度等参数，效果图如图 1-73 所示。

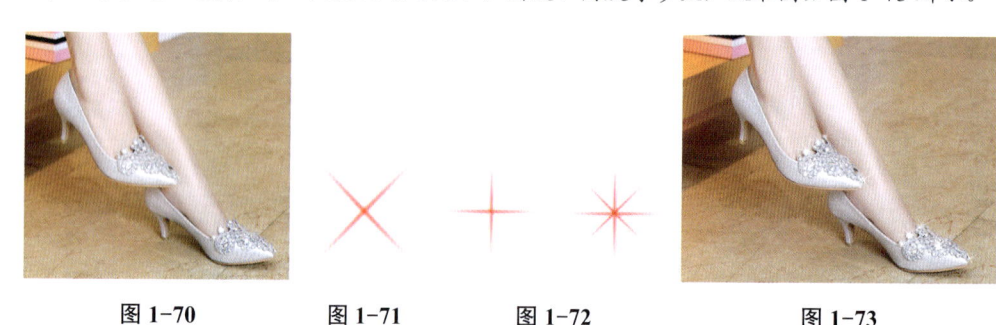

图 1-70　　　　图 1-71　　　　图 1-72　　　　图 1-73

典型工作任务三：为产品剖析图添加虚线

任务解析：

在图 1-74 中为产品添加虚线，将产品细节与细节放大图联系起来。

知识点讲解：

不同线条的表现形式如图 1-75 所示。下面介绍不同线条的具体绘画方法。

（1）画直线：按 Shift 键，单击两次鼠标，两点之间就会形成一条直线。

（2）画圆形虚线：选择圆头画笔并设置"画笔笔尖形状"选项中的"间距"。

（3）画方形虚线：选择方形画笔并设置"画笔笔尖形状"选项中的"间距"。

（4）画长方形虚线：选择方形画笔并设置"画笔笔尖形状"选项中的"间距"和"圆度"。

步骤解析：

Step 1：打开 Photoshop，新建一个空白图层。

图 1-74

注：图中的寸指的是英寸，1 英寸 =2.54 厘米。

Step 2： 选择方形画笔，设置"画笔笔尖形状"选项中的"间距"和"圆度"，将前景色设置成橙色，按住 Shift 键单击两次鼠标，便可形成一条虚线，如图 1-76 所示。

Step 3： 画一条 90°拐角的虚线，这一步需要垂直画，画完之后发现垂直的这条直线的方向不对，如图 1-77 所示。

Step 4： 将角度设置成 90°，然后画一条竖着的虚线，如图 1-78 所示。接下来根据产品剖析图的实际需求为产品剖析图添加虚线。

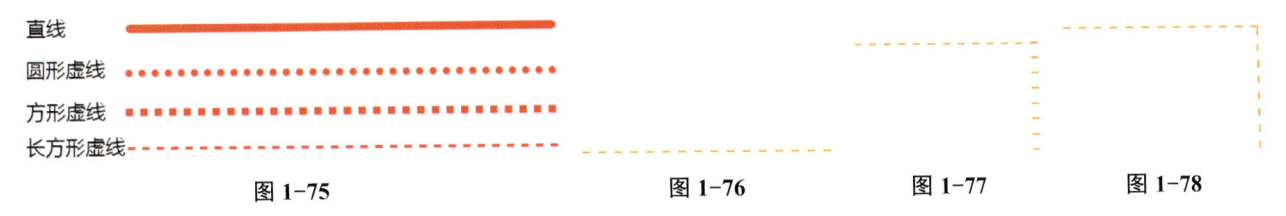

图 1-75   图 1-76   图 1-77   图 1-78

第四讲　图层

"图层"面板可以说是 Photoshop 图片处理的核心。图层就像一张张透明的纸覆盖在原始图像上，我们可以在这张透明的纸上进行涂画或写上文字，如果对结果满意，就可以把透明纸和图像一起装裱起来；如果不满意，就可以扔掉这层透明的纸，换一张重新画。我们还可以再覆盖上更多的透明纸或有内容的纸，这就是 Photoshop 图层的概念。如图 1-79 所示的实例中一共有 4 个图层，每个图层都包含一个元素，分别是三角形、圆、正方形和背景，每个元素在一个单独的图层上。因此在设计时要养成分层的良好习惯，这样有助于进行修改和重新编辑，分层也是 Photoshop 的一大优点。

移动三角形和正方形的位置，使它们相互交叉，这时大家会发现三角形挡住了圆，圆挡住了正方形，如图 1-80 所示。如果拖动圆所在的图层，将其移动到三角形的上方，则圆会同时挡住三角形和正方形，如图 1-81 所示，因此在 Photoshop 里上面的图层对下面的图层有遮挡关系。

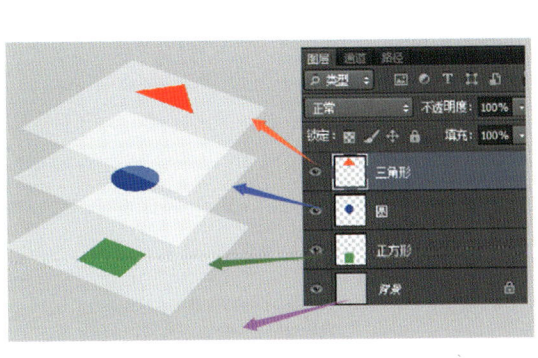

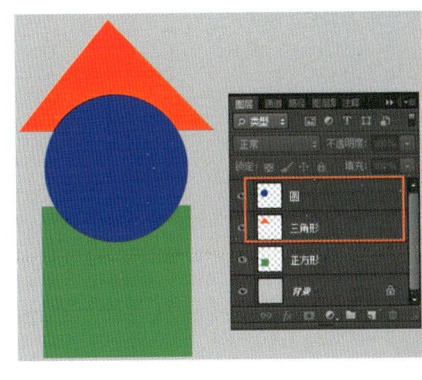

图 1-79   图 1-80   图 1-81

"图层"面板不仅包括图层，而且提供了许多其他功能，如图 1-82 所示。下面对这些功能进行讲解。

（1）删除图层。将需要删除的图层或组拖到删除图标上，或者选中需要删除的图层或组作为当前图层，然后单击"删除"按钮或按 Delete 键即可删除。

（2）新建图层。单击"新建图层"按钮或执行菜单栏中的"图层"|"新建"|"图层"命令。双击图层名称可以对图层进行重命名。如果需要复制已经存在的图层，在该图层单击鼠标右键并在弹出的快捷菜单中执行"复制图层"命令或按快捷键 Ctrl+J 即可。

（3）新建组。组相当于Word中的文件夹，可以把同一类别或者相关的图层放到同一个文件夹里。单击"新建组"按钮或执行菜单栏中的"图层"|"新建"|"组"命令，双击组名称可以对组进行重命名。

（4）新建填充或调整图层。新建填充图层和新建一个空白图层然后再填充颜色、渐变、图案的道理是一样的，如图1-83所示。调整图层的详细内容会在后面章节单独讲解。

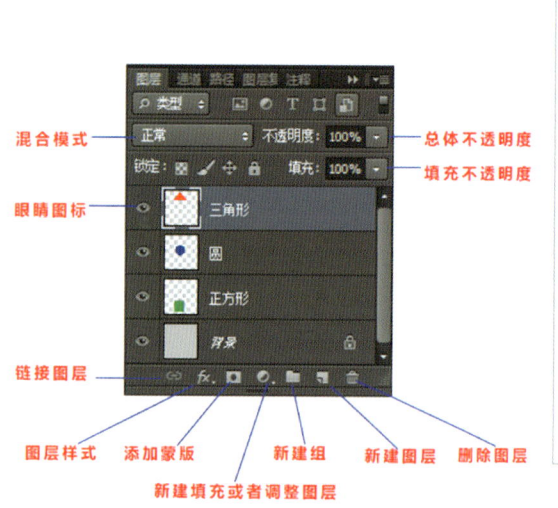

图 1-82

填充和调整图层选项

添加一个渐变填充图层

图 1-83

（5）添加蒙版。添加蒙版是指在原图层上添加一个蒙版图层，如图1-84所示，蒙版图层相当于辅助图层，通过对图层蒙版的操作，实现处理原图层的效果，这种操作不破坏原图层，如果删除图层蒙版，原图层则恢复原样。

蒙版里只有三种颜色，即黑、白、灰。黑色表示透明，即在图层蒙版上涂画上黑色，当前图层对应的区域就会变成透明的，会露出下一个图层上的内容。例如，在"图层0"的蒙版上画一个黑色的圆，如图1-85所示，"图层0"上对应的区域就

图 1-84

会变成透明的，进而露出了下一个图层即"图层1"上的内容，如图1-86所示。白色表示不透明，即图层蒙版上是白色的区域时，在对应的当前图层上就会变成完全不透明的，也就是说不会露出下一个图层上的内容，新建的图层蒙版本来就是白色的，因此希望保留当前图层的部分时不需要做任何处理。灰色表示半透明，如图1-87所示，即在图层蒙版上涂画上灰色，当前图层对应的区域就会变成半透明的，既能看到当前图层上的内容，也会露出下一个图层上的内容，如图1-88所示，灰度越高，透明度越高。

图层蒙版的使用方法

图 1-85　　　　图 1-86　　　　图 1-87　　　　图 1-88

图层蒙版只表现出黑、白、灰三种颜色，因此即便使用彩色在图层蒙版上涂抹，图层蒙版也只识别颜色的明度。对图层蒙版进行颜色编辑时，虽然当前图层的透明度会发生变化，但是原图层没有被破坏，操作是可逆的。下面来看一个实例，选中图层蒙版为当前编辑图层，用黑色的画笔涂抹，如图1-89、图1-90所示。

用白色的画笔涂抹周围"穿帮"部分，不该透明的部分被还原，如图1-91、图1-92所示，在图层蒙版里白色的画笔相当于"后悔药"。

图1-89　　　　　图1-90　　　　　图1-91　　　　　图1-92

（6）图层样式。图层样式是Photoshop中非常实用的一项功能，能简化许多操作，比如利用它可快速生成阴影、浮雕、发光等效果。单击任意一个图层样式调出"图层样式"对话框，勾选需要添加的图层样式前面的复选框，单击图层样式的名称可以调出对应的图层样式选项，设置里面的不同参数，可以得到不同的效果，如图1-93所示。

①斜面和浮雕：该选项赋予了图层3D的效果。这是加大图层深度的设计，使之显得更加"现实"。

②描边：可以使用颜色、渐变颜色或图案描绘当前图层上的对象、文本或形状的轮廓，对于边缘清晰的形状（如文本），这种效果尤其有用。

③内阴影：将在对象、文本或形状的内边缘添加阴影，让图层产生一种凹陷效果，内阴影效果对文本对象效果更佳。

④内发光：将从图层对象、文本或形状的边缘向内添加发光效果。

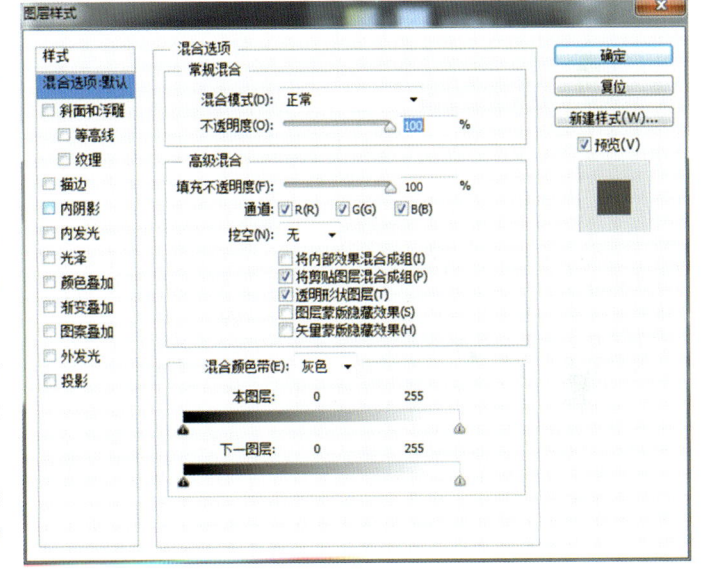

图1-93

⑤光泽：将对图层对象内部应用阴影，与对象的形状互相作用。通常用于创建规则波浪形状，以产生光滑的磨光及金属效果。

⑥颜色叠加：将在图层对象上叠加一种颜色，即用一层纯色填充到应用样式的对象上。可以通过"拾色器（叠加颜色）"对话框选择任意颜色。

⑦渐变叠加：将在图层对象上叠加一种渐变颜色，即用一层渐变颜色填充到应用样式的对象上。通过"渐变编辑器"可以选择其他渐变颜色。

⑧图案叠加：将在图层对象上叠加图案，即用一致的重复图案填充对象。从"图案拾色器"中还可以选择其他图案。

⑨外发光：从图层对象、文本或形状的边缘向外添加发光效果。通过设置参数可以让对象、文本或形状更精美。

⑩投影：为图层上的对象、文本或形状后面添加阴影效果。投影参数由"混合模式""不透明度""角度""距离""扩展""大小"等各种选项组成，通过对这些选项的设置可以得到需要的效果。

（7）链接图层。链接图层就是把多个图层关联到一起，以便对链接好的图层进行整体的移动、缩放、复制、剪切等操作，提高操作的准确性和效率。其实把几个图层链接起来和把这几个图层合并到一起的效果是一样的，但是与合并图层不同的是，链接起来的图层还是以单个的图层形式存在，并且可以通过取消链接使这些图层不再进行整体变化，因此链接图层的可编辑性比合并图层更强。能使用链接图层的地方就不要使用合并图层了，因为图层一旦合并将无法单独操作。

当只选中一个图层时，"链接图层"按钮是灰色的、不可用的，因为链接的图层最少要有两个，如图 1-94 所示。当选中两个及两个以上图层时，"链接图层"按钮变亮，如图 1-95 所示。这时，单击"链接图层"按钮，被选中的图层将会被链接到一起，如图 1-96 所示。选中链接图层中的任意一个，如图 1-97 所示，当按下自由变换快捷键 Ctrl+T 时，所有被链接到一起的图层将作为一个整体被选中，如图 1-98 所示，然后就可以对链接在一起的图层进行整体移动、缩放、复制、剪切等操作了。将所有被链接的图层选中，单击一下"链接图层"按钮便可取消图层链接。

（8）眼睛图标。在"图层"面板中，每个图层的最左边都有一个眼睛图标，单击这个图标可以隐藏或显示某个图层。如果在某一图层的眼睛图标处按下鼠标左键并拖动，所经过的图层都将被隐藏，方向可从上至下或从下至上；同理，在这个图层上再次按下鼠标左键并拖动，所经过的被隐藏的图层会重新显示。

图 1-94

如果按住 Alt 键单击某个图层的眼睛图标，将会隐藏除此图层外所有的图层，再次按住 Alt 键单击眼睛图标即可恢复其他图层的显示。

图 1-95　　　　图 1-96　　　　图 1-97　　　　图 1-98

（9）混合模式。所谓图层混合模式，就是一个图层与其下面图层的色彩混合方式。混合模式包括正常、溶解、变暗、变亮等，它们都可以产生迥异的合成效果。每种图层混合模式都有自己的计算方式，Photoshop 会根据用户选择的混合模式对两个图层进行计算，然后进行混合，最后得到新的图层效果。

可以将混合模式按照下拉菜单中的分组将它们分为不同类别：变暗模式、变亮模式、饱和度模式、差集模式和颜色模式，如图 1-99 所示。

正常和溶解很好理解，其中溶解要配合调整图层不透明度实现效果。

其余的混合模式可归纳为加深效果、减淡效果、对比效果、色彩效果。

①加深效果。

・变暗：用下层暗色替换上层亮色。

· 正片叠底：除白色之外的区域都会变暗。
· 颜色加深：加强深色区域。
· 线性加深：和正片叠底相同，但变得更暗、更深。
· 深色：同变暗，但能清楚地找出两层替换的区域。

以上这 5 种都能产生变暗变深的效果，但究竟是上面图层变暗加深还是下面图层变暗加深，还须看两个图层的色值大小，也就是 HSB 里 H 值的大小。

② 减淡效果。
· 变亮：与变暗完全相反。
· 滤色：与正片叠底完全相反（产生提亮效果）。
· 颜色减淡：与颜色加深完全相反（提亮后对比度效果好）。
· 线性减淡（添加）：与线性加深完全相反，与滤色相似（比滤色对比度效果好）。
· 浅色：与深色完全相反，与变亮相似，能清楚找出颜色变化区域。

减淡效果的特点是替换深色，因此能轻松去掉黑色。加深效果与减淡效果其实是一一对应的，每一种加深就对应一种相同原理的减淡。

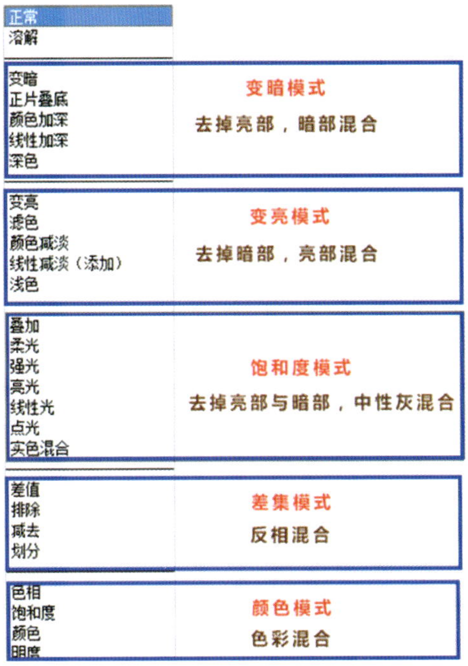

③ 对比效果。
· 叠加：在底层像素上叠加，保留上层对比度。
· 柔光：可能变亮也可能变暗，如果混合色比是 50% 的灰度就变亮，反之亦然。
· 强光：可添加高光也可添加暗调（达到正片叠底和滤色的效果），至于具体添加哪种，取决于上层颜色。
· 亮光：使饱和度更饱和，增强对比（达到颜色加深和颜色减淡的效果）。
· 线性光：可以提高和减淡亮度来改变颜色深浅，可以使很多区域产生纯黑白（相当于线性减淡和线性加深）。
· 点光：会产生 50% 的灰度（相当于变亮和变暗的组合）。
· 实色混合：增加颜色的饱和度，使图像产生色调分离的效果。
· 差值：混合色中白色产生反相，黑色接近底层色，原理是从上层减去混合色。
· 排除：与差值相似，但比差值更柔和。
· 减去：混合色与上层色相同时，显示为黑色；混合色为白色时，显示黑色；混合色为黑色时，显示上层原色。
· 划分：如混合色与基色相同则结果色为白色；如混合色为白色则结果色为基色；如混合色为黑色则结果色为白色（颜色对比十分强烈）。

④ 色彩效果。
· 色相：用混合色替换上层颜色，上层轮廓不变，达到换色的效果。
· 饱和度：用上层图像的饱和度替换下层，下层的色相和明度不变。
· 颜色：用上层的色相和饱和度替换下层，下层的明度不变，常用于着色。
· 明度：用上层的明度替换下层，下层的色相和饱和度不变。

（10）不透明度。不透明度分为总体不透明度和填充不透明度两种。在一般情况下它们没有区别，调用哪一个都可以。但是如果图层带有图层样式，则两者就有区别了。如果调用图层不透明度，会把图层样式也换掉。调用填充不透明度，就不会影响到图层样式。

下面来看一个实例。新建文件，背景填充为蓝色，选择矩形选框工具创建一个矩形选区，将选区填充为红色，然后对矩形添加"描边"图层样式，描边颜色选择黑色。最后分别调整总体不透明度为 50% 和 0%，填充不透明度为 50% 和 0%，如图 1-100 所示。

图 1-99

| 原图 | 总体不透明度50% | 总体不透明度0% | 填充不透明度50% | 填充不透明度0% |

图 1-100

德技并修

【职业能力：积极创造的创新创意能力】

在进行图片处理和美化时，不仅要能灵活应用图层的每个属性，还要能灵活设计一些特效，从而养成积极思考、积极创造的创新创意能力。

典型工作任务一：图片合成

任务解析：

将图 1-101 和图 1-102 合成为一张图片，保留图 1-101 的蓝天白云和图 1-102 的油菜花。

步骤解析：

Step 1：打开 Photoshop，导入图片素材。双击图 1-101 所在的图层解锁图层，移动图 1-101 到图 1-102 中，置于图 1-102 上方，并添加图层蒙版，如图 1-103 所示。

图 1-101    图 1-102

图 1-103

Step 2：按快捷键 G 切换到渐变工具，在"渐变编辑器"中选择"黑白渐变"，选择渐变方式为"线性渐变"，在图 1-101 中的蓝天、白云和图 1-102 的油菜花交界的地方从上往下拖动鼠标，如图 1-104 中的箭头所示。为了得到比较满意的合成效果，可以多拖动几次鼠标，以便找到比较合适的渐变的起止点。按照蒙版中黑、灰、白的颜色排列顺序，图层 2 依次表现出透明（露出图层 1 的白云）、半透明（图层 1 和图层 2 的景色融合在一起）、不透明（只显示图层 1 原来的油菜花）。这两张图之所以能够合成得比较自然，是因为利用了渐变工具由黑到灰到白逐渐变化的特点，这种特点使之能够在蒙版里表现出透明、半透明、不透明的逐渐过渡效果，从而实现自然合成的效果。

图 1-104

典型工作任务二：给海报添加图层样式

任务解析：

以新品男士春装海报为素材，尝试为海报添加合适的图层样式。

步骤解析：

Step 1: 打开 Photoshop，导入如图 1-105 所示的图片素材。

Step 2: 依次为海报添加各种图层样式，具体参数不展开讲解，大家自己设置的时候可以自行去体验一下。每种图层样式的效果如图 1-106 所示。

图层典型工作任务二
步骤解析

图 1-105

（a） （b）

（c） （d）

图 1-106

（a）添加斜面与浮雕；（b）添加投影；（c）添加描边；（d）添加内阴影

(e)  (f)

(g)  (h)

(i)  (j)

图 1-106（续）

(e) 添加内发光；(f) 添加光泽；(g) 添加颜色叠加；(h) 添加渐变叠加；(i) 添加图案叠加；(j) 添加外发光

典型工作任务三：给模特换装

任务解析：

以图 1-106 中的两张图片为素材，练习为模特换装。

步骤解析：

Step 1：打开 Photoshop，导入如图 1-107 所示图片素材。用钢笔工具将模特西装抠出，羽化 0.5 个像素，按快捷键 Ctrl+J 复制一个"西装"图层副本，如图 1-108 所示。

Step 2：双击布料的背景图层进行解锁，然后选择移动工具，将布料移动到模特图片上，调整布料的大小和位置，放到西装副本图层上面，如图 1-109 所示。

Step 3：按快捷键 Alt+Ctrl+G，创建剪贴蒙版，模特换装完成。但是我们发现换装效果很死板，如图 1-110 所示。这是因为没有明暗变化和层次感。

模特 　　　　　　　　布料

图 1-107

Step 4：根据上述问题，我们试着改变布料和西服副本的混合模式解决问题。下面列举几个效果比较好的混合模式，如图1-111所示。

图 1-108

图 1-109

图 1-110

变暗

正片叠底

颜色减淡

叠加

饱和度

颜色

图 1-111

PROJECT TWO

项目二 抠图工具

◆ **知识目标**

1．掌握矩形选框工具组工具的属性及使用方法；
2．掌握套索工具组的属性及使用方法；
3．掌握快速选择工具的属性及使用方法；
4．掌握魔术棒的属性及使用方法；
5．掌握钢笔工具的属性及使用方法；
6．掌握背景橡皮擦的属性及使用方法；
7．掌握蒙版的原理及使用方法。

◆ **能力目标**

1．能够正确地分析出每张图片适用的抠图工具；
2．能够正确而熟练地使用矩形选框工具、椭圆选框工具进行抠图；
3．能够正确而熟练地使用矩形选框工具、椭圆选框工具设计图案；
4．能够正确而熟练地使用套索工具组的工具进行抠图；
5．能够正确而熟练地使用快速选择工具进行抠图；
6．能够正确而熟练地使用魔术棒进行抠图；
7．能够正确而熟练地使用钢笔工具进行抠图；
8．能够正确而熟练地使用背景橡皮擦进行抠图；
9．能够正确而熟练地使用蒙版进行抠图。

◆ **素质目标**

1．树立认真的工作作风、一丝不苟的做事态度；
2．培养精益求精的工匠精神；
3．培养敏锐的思辨能力；
4．培养独立思考、综合利用所学工具解决美工岗位实际问题的能力。

第一讲　选框工具组

典型工作任务一：为手提袋做一个卖点解析图

德技并修

【职业精神：精益求精的工匠精神】
使用选框工具处理和设计图片时，要有耐心、要细致，树立认真细致的工作作风和一丝不苟的做事态度，从而养成精益求精的工匠精神。

【职业能力：敏锐的思辨能力】
在使用选框工具处理和设计图片时，要灵活应用选框工具的属性，并能分辨出使用哪个属性来实现效果，从而养成敏锐的思辨能力。

【职业道德：诚实守信的商道原则】
不要通过选框工具故意编辑或篡改图像以达到欺骗或误导的目的。

任务解析：
以手提袋为素材，在原图上做一张卖点解析图，要求细节图含有矩形、椭圆、正方形、正圆，并且有以卖点为中心的正方形和正圆。

知识点讲解：
（1）矩形/椭圆选框工具的使用方法：选择矩形选框工具，按下鼠标左键并拖动，释放鼠标左键后即可创建一个矩形选区。同理，选择椭圆选框工具，按下鼠标左键并拖动，释放鼠标左键后即可创建一个椭圆选区。

（2）利用矩形/椭圆选框工具做正方形/正圆选区：选择矩形选框工具，按下鼠标左键并拖动，同时按下Shift键，释放鼠标左键后再释放Shift键即可创建一个正方形选区。同理，选择椭圆选框工具，按下鼠标左键并拖动，同时按下Shift键，释放鼠标左键后再释放Shift键即可创建一个正圆选区。

（3）利用矩形/椭圆选框工具创建以起点为中心的正方形/正圆选区：选择矩形选框工具，按下鼠标左键并拖动，同时按Shift键和Alt键，释放鼠标左键后再释放Shift键和Alt键即可创建一个以起点为中心的正方形选区。同理，选择椭圆选框工具，按下鼠标左键并拖动，同时按Shift键和Alt键，释放鼠标左键后再释放Shift键和Alt键即可创建一个以起点为中心的正圆选区。

选框工具典型工作任务一步骤解析

选框工具使用方法

步骤解析：

Step 1：打开Photoshop，导入图2-1所示的手提袋素材，选择矩形选框工具，单击鼠标左键并拖动，释放鼠标左键创建矩形选区。按快捷键V，切换到移动工具，拖动创建好的矩形选区到左边，在拖动的同时按Alt键，起到复制作用。按"取消选择"的快捷键Ctrl+D取消选区。按快捷键Shift+M切换到椭圆选框工具，单击鼠标左键并拖动，释放鼠标左键创建椭圆选区。按快捷键V，选择移动工具，按Alt键拖动创建的椭圆选区到右边，按"取消选择"的快捷键Ctrl+D取消选区。

Step 2：按下快捷键Shift+M切换到矩形选框工具，单击鼠标左键并拖动鼠标，在拖动鼠标的同时按下Shift键，先释放鼠标再释放Shift键创建一个正方形选区。按下快捷键V，切换到移动工具，按Alt键拖动创建的正方形选区到左边，按下"取消选择"的快捷键Ctrl+D取消选区。按下快捷键Shift+M切换到椭圆选框工具，按鼠标左键并拖动，同时按下 Shift 键，释放鼠标左键创建正圆选区。按快捷键 V，选择移动工具，单击 Alt 键拖动创建的正圆选区到右边，按下"取消选择"的快捷键 Ctrl+D 取消选区，如图 2-2 所示。

Step 3：按下快捷键 Shift+M 切换到矩形选框工具，在卖点上单击鼠标左键并拖动，同时按下 Shift 键和 Alt 键，释放鼠标左键后再释放 Shift 键和 Alt 键，创建一个以卖点为中心的正方形选区。按快捷键 V，选择移动工具，按 Alt 键拖动创建的正方形选区到左边，按"取消选择"的快捷键 Ctrl+D 取消选区。按快捷键 Shift+M 切换到椭圆选框工具，在卖点上单击鼠标左键并拖动，同时按 Shift 键和 Alt 键，释放鼠标左键后再释放 Shift 键和 Alt 键，创建一个以卖点为中心的正圆选区。按快捷键 V，选择移动工具，按 Alt 键拖动创建的正圆选区到右边，按"取消选择"的快捷键 Ctrl+D 取消选区，如图 2-3 所示。

图 2-1　　　　　图 2-2　　　　　图 2-3

温馨提示：

（1）如果当前工具是矩形选框工具组、套索工具组、魔术棒工具组中的一种，并选择了"新建选区"属性，那么将光标放到选区上，可以移动选区的位置，如图 2-4、图 2-5 所示。

（2）如果当前工具是移动工具，将光标放到选区上，移动的则是选区中的内容，原来做选区的地方内容被移走，变成了背景色，如图 2-6 所示。

（3）在按 Alt 键的同时使用移动工具移动选区会增加一个复制的功能，即移动的是复制出来的选区内的内容，原选区内的内容没有变化，如图 2-7 所示。

图 2-4　　　　图 2-5　　　　图 2-6　　　　图 2-7

典型工作任务二：设计工商银行的标志

任务解析：

利用选框工具设计一个工商银行的标志。

知识点讲解：

利用选框工具创建选区时，选区范围有 4 个选项，分别是"新选区""添加到选区""从选区中减去"和"与选区交叉"，如图 2-8 所示。

（1）新选区：此选项只能一次性创建选区，再次创建选区时，原来的选区消失。具体操作方法：选择椭圆选框工具，选择"新选区"选项，在手提袋上创建圆形选区，如图 2-9 所示。

选框工具典型工作任务二
步骤解析

（2）添加到选区：可以多次创建选区，后面创建的选区会添加到原来的选区中，重叠部分自动合并。具体操作方法：选择椭圆选框工具，选择"添加到选区"选项，在原来的圆上创建两个小圆形选区，如图2-10所示。

（3）从选区中减去：从原选区中减去新创建的选区。具体操作方法：选择椭圆选框工具，选择"从选区中减去"选项，在原来的选区上创建3个椭圆，如图2-11所示。选择移动工具，移动创建好的选区，得到如图2-12所示的效果，现在可以清晰地看出刚刚创建的3个椭圆是从原选区中减去的。

（4）与选区交叉：只保留重叠部分。具体操作方法：选择椭圆选框工具，选择"与选区交叉"选项，在原来的选区上创建圆，如图2-13所示，释放鼠标得到如图2-14所示的效果，不难看出最后只留下了原选区和新创建选区相交的部分。

图 2-8　　　　图 2-9　　　　图 2-10　　　　图 2-11

图 2-12　　　　图 2-13　　　　图 2-14

步骤解析：

Step 1：打开Photoshop，导入如图2-15所示的图片素材，先按快捷键Ctrl+R调出标尺，然后为素材添加一条横向和纵向参考线。

Step 2：选择椭圆选框工具，选择"新选区"选项，以参考线的交点为起点创建圆，同时按快捷键Alt+Shift，得到以起点为中心的正圆，如图2-16所示。

Step 3：选择椭圆选框工具，选择"从选区中减去"选项，同样以参考线的交点为起点创建一个小圆，同时按快捷键Alt+Shift，得到以起点为中心的圆环，如图2-17所示。

图 2-15　　　　图 2-16　　　　图 2-17

Step 4：设置前景色为红色，按"填充前景色"快捷键Alt+Delete，将圆环填充为红色，按快捷键Ctrl+D取消选区，得到如图2-18所示效果。

Step 5：选择矩形选框工具，选择"新选区"选项，以参考线的交点为起点创建矩形，同时按快捷键 Shift+Alt，得到以起点为中心的正方形，如图 2-19 所示。

Step 6：拖两条横向参考线作为辅助线，这里我们重点学习选框工具的使用，不要求作图的精确度。选择矩形选框工具，选择"从选区中减去"选项，按 Alt 键以新建参考线的交点为起点，上下各创建一个以起点为中心的矩形，得到如图 2-20 所示效果。

图 2-18　　　　　图 2-19　　　　　图 2-20

Step 7：选择矩形选框工具，选择"从选区中减去"选项，按 Alt 键以圆心为起点，创建以起点为中心的矩形，得到如图 2-21 所示效果。

Step 8：拖两条纵向参考线作为辅助线，选择矩形选框工具，选择"从选区中减去"选项，按 Alt 键以新建参考线的交点为起点，左右各创建一个以起点为中心的矩形，得到如图 2-22 所示效果。

Step 9：设置前景色为红色，按"填充前景色"的快捷键 Alt+Delete，将选区填充为红色，按快捷键 Ctrl+D 取消选区，执行菜单栏的"视图"|"显示"|"参考线"命令，隐藏参考线，得到如图 2-23 所示效果。

图 2-21　　　　　图 2-22　　　　　图 2-23

典型工作任务三：给小鸡移植美女的大眼睛

任务解析：
将美女的眼睛抠取出来给小鸡，使美女的眼睛能够较好地与小鸡融合到一起。

知识点讲解：
羽化可以使选区内外衔接部分虚化，能起到渐变的作用，从而达到自然衔接的效果，是 Photoshop 处理图片的重要工具。羽化值越大，虚化范围越宽；羽化值越小，虚化范围越窄。

羽化功能的使用方法：

（1）所有选框工具的工具选项栏都有羽化设置，如图 2-24 所示，在文本框中输入想羽化的数值。这里需要注意的是，如果想通过这种方法对选区进行羽化，必须先设置羽化值再创建选区，如果先创建选区再设置羽化值则没有羽化效果，重新创建的选区才会有羽化效果。

（2）第二种方法和第一种方法刚好相反，如果用这种方法对选区进行羽化，需要先创建选区，再设置羽化值。具体操作方法：创建好选区后，执行菜单栏的"选择"|"修改"|"羽化"命令，或者在选区内单击，在弹出的对话框中选择"羽化"命令，或者按快捷键 Shift+F6，这 3 种方法都可以打开"羽化选区"对话框，在对话框中设置羽化半径，如图 2-25 所示。

图 2-24　　　　　图 2-25

步骤解析：

Step 1：打开 Photoshop，导入如图 2-26 所示的图片素材。选择椭圆选框工具，在图 2-26 中美女的眼睛上创建一个椭圆。

Step 2：选择移动工具，拖动选区到小鸡文件上，当小鸡文件亮起来的时候，拖动鼠标到小鸡眼睛上。调节眼睛的位置，得到如图 2-27 所示的效果，但是边缘非常生硬，效果非常差。

Step 3：回到图 2-26 上，按 M 键切换到选框工具，按下"羽化"快捷键 Shift+F6，在弹出的对话框中设置羽化半径为 3 像素，然后再重复第二步的操作，将图 2-26 中美女的眼睛移动到小鸡的眼睛上，得到如图 2-28 所示效果，与图 2-27 相比，此项羽化效果就自然、柔和很多。

图 2-26　　　　图 2-27　　　　图 2-28

第二讲　套索工具组

典型工作任务一：利用套索工具制作坚果海报

德技并修

【职业精神：精益求精的工匠精神】

在使用套索工具抠图时，要有耐心，要细致，不能留有"白边"，树立认真细致的工作作风和一丝不苟的做事态度，从而养成精益求精的工匠精神。

【职业能力：敏锐的思辨能力】

在抠图时，要认真分析每张图的特点，并能分辨出需要用哪种抠图工具来抠图，从而养成敏锐的思辨能力。

【职业道德：诚实守信的商道原则】

不要通过套索工具故意编辑或篡改图像以达到欺骗或误导的目的。

任务解析：

把猴子从背景素材中抠出来，用于制作海报。

知识点讲解：

1. 套索工具使用方法

套索工具是最基本的创建选区的工具，在需要创建选区的图案边缘单击鼠标左键，并一直围绕着图案拖动鼠标，直至回到起点，这时会出现一个闭合的蚂蚁线，套索工具抠图完成。

2. 套索工具的特点

优点：可以创建任意不规则选区，方便快捷。

缺点：创建的选区范围只是一个大概的范围，不能创建要求精确的选区。

套索工具使用方法

3. "调整边缘"命令

创建一个选区，执行"选择"|"调整边缘"命令或者在任意可以创建选区的工具选项栏中执行"调整边缘"命令，则会弹出"调整边缘"对话框，如图2-29所示。"调整边缘"对话框中各个参数的含义如下。

· 缩放工具：此工具可以缩放图像的显示比例。

· 抓手工具：此工具可以查看不同的图像区域。

· 调整半径工具：使用此工具可以编辑边缘检测时的半径，以放大或缩小选择的范围。

· 抹除调整工具：使用此工具可以擦除多余部分的选择结果。在擦除过程中，Photoshop会自动对擦除后的图像进行智能优化。

· 视图：在该列表中，Photoshop依据当前处理的图像，生成了实时的预览效果，以满足不同的观看需求。根据此列表底部的提示，按F键可以在各个视图之间进行切换，按X键即只显示原图。

· 显示半径：勾选此复选框后，将根据下面所设置的半径数值，显示半径范围以内的图像。

· 显示原稿：勾选此复选框后，将依据原选区的状态及所设置的视图模式进行显示。

图 2-29

· 半径：该参数用于设置边缘检测时的范围。

· 智能半径：勾选此复选框后，将依据当前图像的边缘自动进行取舍，以获得更精彩的显示效果。

· 平滑：当创建的选区边缘非常硬化，甚至有明显的锯齿时，可使用此选项进行柔化处理。

· 羽化：柔化选区边缘。

· 对比度：设置此选项参数可以调整边缘的虚化程度，数值越大则边缘越锐化。通常可以帮助使用者创建比较精确的选区。

· 移动边缘：该选项功能与"收缩"和"扩展"命令的功能基本相同，向左侧拖动滑块可以收缩选区，向右侧拖动滑块可以扩展选区。

· 净化颜色：勾选此复选框后，下面的"数量"滑块将被激活，拖动滑块调整数值，可以去除选择后的图像中边缘的杂色。

步骤解析：

Step 1：在猴子毛发边缘单击鼠标左键并围绕猴子毛发边缘拖动鼠标，直至回到起点，这时会出现一个闭合的蚂蚁线，抠出一个大致的范围，如图2-30所示。

图 2-30

Step 2：设置"调整边缘"对话框中各参数，精确抠取猴子的毛发，参数设置如图2-31所示，然后选择调整半径工具，在带有背景的毛发处进行涂抹，去除多余的背景，效果如图2-32所示，涂抹完成后单击"确定"按钮，完成猴子抠图如图2-33所示。

Step 3：按快捷键V，切换到移动工具。选中抠好的猴子图像，按住鼠标左键将其拖动到广告图的图层上，当广告图的文件名亮起时，拖动猴子到广告图上，调整猴子的大小和位置，用橡皮擦擦除多余的背景，得到如图2-34所示效果。

图 2-31 　　　　　　　　　　图 2-32 　　　　　　　　　　图 2-33

　　　　　　　　　　　　　　　　　　　　　　　　　　　　图 2-34

典型工作任务二：利用多边形套索工具制作灯具海报

任务解析：

把灯泡包装盒从原背景中抠出来，放到海报图中，制作一张灯具海报图。

知识点讲解：

（1）使用多边形套索工具不仅可以创建规则的选区，还可以创建不规则选区，但是所有的边都必须是直边，因为多边形套索工具只能做直边。如果结合放大功能则可以抠出非常精确的图。

（2）使用方法。在要抠图的图像边缘单击建立第一个锚点，然后沿着图像的边缘向后拖动鼠标，再次单击时会建立第二个锚点，这时两个锚点之间就会出现一条直线，不断地沿着图像的边缘单击建立锚点，直至回到起点会出现一个小"句号"，这时单击第一个锚点，会形成一个闭合的蚂蚁线，抠图完成。

步骤解析：

Step 1：打开 Photoshop，导入图 2-35 所示的图片素材，选择多边形套索工具，在按 Alt 键的同时向上滚动鼠标滚轴放大图像以减小抠图误差，按 Space 键拖动灯泡包装盒，露出灯泡包装盒的边缘。

Step 2：在灯泡包装盒的边缘单击建立第一个锚点，然后沿着灯泡包装盒的边缘向后拖动鼠标，在每个拐点单击一次建立一个锚点，直至回到起点，这时单击第一个锚点，形成一个闭合的蚂蚁线，抠图完成，如图 2-36 所示。

图 2-35 　　　　　　　　　　　　　　　图 2-36

Step 3：单击鼠标右键，在弹出的快捷菜单中执行"羽化"命令，设置羽化值为0.5像素。然后按快捷键V，切换到移动工具，移动抠好的灯泡包装盒到灯具海报中，如图2-37所示。

Step 4：按"自由变换"快捷键Ctrl+T，会出现8个控制柄，在按Shift键的同时，拖动顶点处的控制柄，等比例缩小灯泡盒，移动灯泡盒到合适的位置，按Enter键确认刚才的操作，同时按快捷键Ctrl+D取消选区，完成海报的设计，如图2-38所示。

图 2-37　　　　　　　　　　　　　　　　图 2-38

温馨提示：

（1）抠图的时候放大图像，可以减少视觉误差，使建立的锚点更加贴近图像边缘，因此抠图更精确。

（2）缩放图像的快捷键是Alt+鼠标滚轴，即在按下Alt键的同时滚动鼠标的滚轴可以随意缩放图像。

（3）任意工具状态下按Space键，光标都会变成"小手"的图标，按下鼠标左键可以根据需要随意拖动图像。

（4）多边形套索工具只能抠取所有的边都是直边的图像，抠图时只需要在每条直线的拐点处单击鼠标左键建立锚点即可。

（5）如果对建立的某个锚点不满意，可以按Delete键将其删除，可多次删除，每按一次Delete键删除一个锚点。

（6）抠完之后如果不希望边界那么生硬，可以右击并在弹出的快捷菜单中执行"羽化"命令，对抠好的图像羽化0.5～1像素。

典型工作任务三：利用磁性套索工具制作衬衣海报

任务解析：

将模特用磁性套索工具抠出来用于海报的制作与设计。

知识点讲解：

（1）磁性套索工具似乎有磁力，不需单击鼠标左键，可以直接移动鼠标，在起点处就会出现自动跟踪的线，这条线总是走向颜色与颜色边界处，边界越明显，磁力越强，将首尾连接后可完成选择，一般用于颜色与颜色差别比较大的图像选择。

（2）设置宽度、对比度、频率。

①宽度：用于设定磁性套索工具在进行选取时，能够检验的边缘宽度，其数值可以在1～40之间进行设定，数值越小，所检测的范围越小。

②对比度：用于将想要选取的图像与周围的图像区分开。

③频率：用于设置选取时的节点数。

（3）如果对建立的某个锚点不满意，可以按Delete键将其删除，可多次删除，每按一下Delete键即删除一个锚点。

（4）在使用磁性套索工具抠图时，遇到拐点的时候可以单击一下鼠标左键，手动建立一个锚点，以增加抠图的精确度。

步骤解析：

Step 1：打开 Photoshop，导入素材图片，选择磁性套索工具，在模特边缘单击建立第一个锚点，然后沿着模特边缘拖动鼠标，磁性套索工具会自动生成锚点并吸附到模特边缘，直至回到起点，看到"句号"，这时单击第一个锚点，会形成一个闭合的蚂蚁线。选择磁性套索工具，在工具选项栏中单击"从选区中减去"按钮，减去模特腋下白色的区域，完成抠图，如图 2-39 所示。

Step 2：按快捷键 V，切换到移动工具，将抠好的模特图移动到衬衣海报中。按"自由变换"快捷键 Ctrl+T，会出现 8 个控制柄，在按 Shift 键的同时，拖动顶点处的控制柄，等比例缩小模特，然后移动模特到合适的位置，按 Enter 键确认刚才的操作，完成海报的设计，如图 2-40 所示。

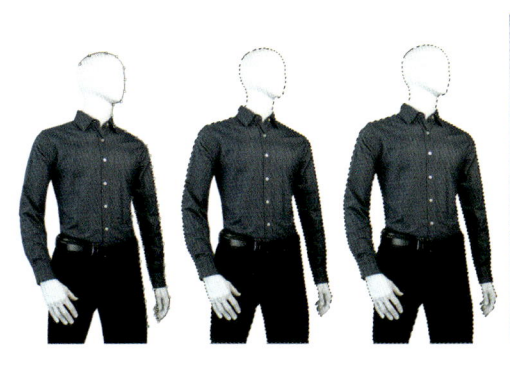

图 2-39　　　　　　　　　　　　　　　图 2-40

第三讲　快速选择工具抠图

典型工作任务一：抠取手提袋

德技并修

【职业精神：精益求精的工匠精神】

在使用快速选择工具抠图时，要有耐心，要细致，不能留有"白边"，不要有锯齿，树立认真细致的工作作风和一丝不苟的做事态度，从而养成精益求精的工匠精神。

【职业能力：敏锐的思辨能力】

在抠图时，要认真分析每张图的特点，并能分辨出需要用哪种抠图工具来抠图，从而养成敏锐的思辨能力。

【职业道德：诚实守信的商道原则】

不要通过快速选择工具故意编辑或篡改图像以达到欺骗或误导的目的。

任务解析：

将手提袋利用快速选择工具从背景图中抠出。

知识点讲解：

（1）快速选择工具是通过画笔工具来创建选区的一种快速抠图工具，将画笔大小调整到不超过抠取主体的大小，硬度设置成 100%，然后直接在要抠取的图像上涂抹，Photoshop 会自动识别画笔所经过颜色的边缘，从而达到快速抠图的目的。因此快速选择工具适合抠取边界清晰的图像。快速选择工具虽然抠图速度快，但是抠图不精确，边缘会有锯齿，因此只适合抠取要求不高的图像。

（2）快速选择工具同样具有"新选区""添加到选区""从选区中减去"3个选项，并且和前面讲的选区工具的作用及使用方法一样，此处不再赘述。

（3）画笔笔头缩小的快捷键为"【"，画笔笔头放大的快捷键为"】"。

（4）因为快速选择工具抠图不精确，所以抠完图之后，可以把选区收缩2像素来弥补快速选择工具的缺点，执行菜单栏中的"选择"|"修改"|"收缩"命令，弹出"收缩选区"对话框，设置"收缩量"为"2"，如图2-41所示。

收缩2个像素之前　　　　　　　　　　　　　　　　　收缩2像素之后

图 2-41

步骤解析：

Step 1： 打开Photoshop，导入手提袋素材。选择快速选择工具，勾选"自动增强"复选框，在手提袋上单击并拖动鼠标，Photoshop会自动计算识别画笔所经过颜色的边缘，如图2-42所示。

Step 2： 按快捷键"【"缩小画笔笔头，调整细节。选择"从选区中减去"选项，减去多余的白色选区及左下角的阴影部分，选择"添加到选区"选项，选择没有选中的区域，如图2-43所示。

Step 3： 按快捷键Ctrl+C复制选区，按快捷键Ctrl+V粘贴选区，Photoshop会自动新建一个图层，单击背景图层左侧的眼睛图标，隐藏背景图层，如图2-44所示，完成抠图，如图2-45所示。

图 2-42　　　　　　图 2-43　　　　　　图 2-44　　　　　　图 2-45

典型工作任务二：利用魔棒工具抠取模特

任务解析：

利用魔棒工具将模特从背景图中抠出。

知识点讲解：

（1）魔棒工具和快速选择工具一样也是通过对颜色的计算快速识别出边缘，从而达到快速抠图的目的。利用魔棒工具抠图时在需要选中的区域内单击任意一点，与单击的这一点颜色相同或相近的区域便会被自动选中。

（2）魔棒工具的属性"容差"指的是在选取颜色时所设置的选取范围，容差越大，选取的范围越大，其数值范围在 0 ~ 255 之间。例如，容差是 0 时，如果选择纯蓝色，那么魔棒只能选中百分之百的蓝色；容差是 20 时，如果选择纯蓝色就可以选中淡蓝和深蓝；当容差很大的时候，魔棒就会把所有的颜色都选中。因此魔棒工具适合抠取容差较小、颜色纯正的图形。

（3）对于容差较小、边界清晰的图片，能够一键抠图，方便快捷，如图 2-46 所示。

（4）魔棒工具的属性"连续"用于选取图像中颜色相同或相近的区域。勾选"连续"复选框，只可选色彩相近的连续区域；取消勾选"连续"复选框，则可选所有色彩相近的区域，如图 2-47 所示。

勾选"连续"复选框　　　取消勾选"连续"复选框

图 2-46　　　　　　　　　　　图 2-47

步骤解析：

Step 1：打开 Photoshop，导入模特图片素材。选择魔棒工具，勾选"连续"复选框，单击白色的区域，形成如图 2-48 所示的选区。

Step 2：选择工具选项栏中"添加到选区"选项，单击模特腋下等没有被选中的白色区域，如图 2-49 所示。

Step 3：执行菜单栏的"选择"|"反向"命令，或按快捷键 Shift+Ctrl+I 反向选择，选中模特，如图 2-50 所示。

Step 4：按快捷键 Ctrl+C 复制选区，按快捷键 Ctrl+V 粘贴选区，Photoshop 会自动新建一个图层，单击背景图层左侧眼睛图标，隐藏背景图层，完成抠图。

图 2-48 　　　　　　　　　　图 2-49 　　　　　　　　　　图 2-50

第四讲 钢笔工具抠图

典型工作任务：利用钢笔工具抠取行李箱

德技并修

【职业精神：精益求精的工匠精神】

在使用钢笔工具抠图时，要有耐心，要细致，不能留有"白边"，树立认真细致的工作作风和一丝不苟的做事态度，从而养成精益求精的工匠精神。

【职业能力：敏锐的思辨能力】

在抠图时，要认真分析每张图的特点，并能分辨出需要用哪种抠图工具来抠图，从而养成敏锐的思辨能力。

【职业道德：诚实守信的商道原则】

不要通过钢笔工具故意编辑或篡改图像以达到欺骗或误导的目的。

任务解析：

利用钢笔工具将行李箱从背景图中抠出。

知识点讲解：

（1）钢笔工具抠图的特点：钢笔工具抠图精准，适合抠背景复杂、形状复杂的图片（包括直线和曲线，除了毛发）。

（2）创建直线的方法：选择产品边缘任意一点建立锚点，在直线的另一头建立第二个锚点，两点便会连成一线。

（3）创建曲线的方法：在曲线的一端单击鼠标左键建立第一个锚点，然后在另一端再次单击鼠标左键建立第二个锚点，建立第二个锚点之后不能释放鼠标，要直接调整曲线的弧度，当曲线的弧度和产品边缘吻合之后释放鼠标左键，便可创建一条曲线。需要注意的是，创建完曲线之后创建直线，需要删除控制线。

（4）删除控制线的方法：按住 Alt 键，单击锚点，即可删除控制线。

（5）移动锚点位置：当建立的锚点偏离产品边缘时，可以移动锚点到产品边缘，操作方法是按住 Ctrl 键，当光标变成白色箭头时方可移动锚点位置。

步骤解析：

Step 1：打开 Photoshop，导入如图 2-51 所示的图片素材。

Step 2：选择钢笔工具，如图 2-52 所示。

图 2-51　　　　　　图 2-52

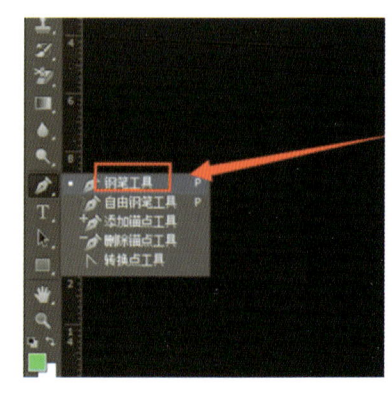

Step 3：为了减少误差，先放大图片，然后在产品的边缘选择一个起点，单击建立一个锚点，如图 2-53 所示。

Step 4：这一步要创建的是直线，因此需要找到直线和曲线的拐点，然后单击建立第二个锚点，两点之间便会形成一条直线，如图 2-54 所示。

图 2-53

图 2-54

Step 5：如果建立的锚点位置不准确，可按住 Ctrl 键，当光标变成白色箭头时移动锚点位置，如图 2-55 所示。

图 2-55

Step 6： 当产品的边缘是曲线时，需要创建曲线。先在曲线的一端单击建立一个锚点，然后在曲线的另一端单击鼠标左键，并根据产品的弧度来调整曲线的弧度，使两者相互吻合，接着释放鼠标左键，曲线便建立完成。如果接下来创建直线，需要删除控制线，方法是按住 Alt 键，选中锚点，单击，如图 2-56 所示。

图 2-56

Step 7： 如果想要移动两点之间的锚点，按住 Shift 键，同时拖住锚点，便可以使它在两个锚点之间自由移动，如图 2-57 所示。

Step 8： 抠完整个图形后，单击鼠标右键，在弹出的快捷菜单中执行"建立选区"命令，设置"羽化半径"为 0.5 像素，最后单击"确定"按钮，如图 2-58 所示。

Step 9： 按快捷键 Ctrl+C 进行复制，再按快捷键 Ctrl+V 粘贴到新的图层上，如图 2-59 所示。

Step 10： 关闭图层背景，抠图完成。

图 2-57

图 2-58

图 2-59

第五讲　背景橡皮擦抠图

典型工作任务一：利用背景橡皮擦抠取半透明鲜花

德技并修

【职业精神：精益求精的工匠精神】

在使用背景橡皮擦工具抠图时，要有耐心，要细致，不能留有"白边"，树立认真细致的工作作风和一丝不苟的做事态度，从而养成精益求精的工匠精神。

【职业能力：敏锐的思辨能力】

在抠图时，要认真分析每张图的特点，并能分辨出需要用哪种抠图工具来抠图，从而养成敏锐的思辨能力。

【职业道德：诚实守信的商道原则】

不要通过背景橡皮擦工具故意编辑或篡改图像以达到欺骗或误导的目的。

任务解析：

利用背景橡皮擦将半透明鲜花从背景图中抠出。

知识点讲解：

（1）背景橡皮擦可以通过擦掉背景色使背景透明，从而实现抠图。

（2）背景橡皮擦的"取样"选项有3种，分别是连续、一次和背景色板，如图2-60所示。下面逐一讲解每个选项的含义及使用方法。

①选择"取样：连续"时，在擦除图像时将连续采集取样点，每次都以单击鼠标左键时"十"字所在处的颜色作为背景色取样、擦除。例：首先单击鼠标左键，使光标的"十"字落在白色背景上，拖动鼠标到头发上，如果光标的"十"字落在头发上，Photoshop将会把头发当作背景色擦除掉，如图2-61所示。

背景橡皮擦使用方法

图 2-60　　　　　　　　　　　　图 2-61

②选择"取样：一次"时，Photoshop 会把第一次单击鼠标左键时"十"字所在位置的颜色作为背景色取样。例：首先单击鼠标左键，使光标的"十"字落在白色背景上，拖动鼠标到头发上，即便光标的"十"字落在头发上，Photoshop 也不会把头发当作背景色擦除掉，依旧把第一次单击鼠标左键时"十"字所在位置的颜色作为背景色进行取样，如图 2-62 所示。

③选择"取样：背景色板"时，Photoshop 只会对工具箱中的背景色取样，不会再对图像中的颜色取样，因此只会擦除与背景色相同或相近的颜色。例：鼠标沿着头发的边缘进行涂抹，无论单击鼠标左键时光标的"十"字落在哪里，以及拖动鼠标时光标的"十"字落到哪里，头发都不会被处理掉，如图 2-63 所示。

图 2-62　　　　　　　　　　　　图 2-63

（3）容差：指的是在选取颜色时所设置的选取范围，容差越大，选取的范围也越大，擦除颜色的范围越大。

（4）限制：包含"不连续""连续""查找边缘"三个选项。

①选择"不连续"选项时，将擦除鼠标拖动范围内所有与指定颜色相近的像素。

②选择"连续"选项时，将擦除鼠标拖动范围内所有与指定颜色相近且相连的像素。

③选择"查找边缘"选项时，将擦除鼠标拖动范围内所有与指定颜色相近且相连的像素，但在擦除过程中可保留较强的边缘效果。

（5）保护前景色：可保留与前景色相同的颜色。

（6）背景橡皮擦擦掉的是背景色，同时可以保护前景色，因此在进行擦除之前要先定义背景色和前景色，具体操作方法：首先用吸管工具吸取背景的颜色，这时吸取的颜色会变成前景色，单击"切换前景色和背景色"按钮或按快捷键 X 将刚才吸取的颜色切换成背景色，即要处理掉的颜色，然后按快捷键 I 切换到吸管工具，吸取头发的颜色，此时前景色为头发的颜色，最后在橡皮擦工具选项栏勾选"保护前景色"复选框，这样再进行处理的时候就可以保护头发不被处理掉。

步骤解析：

Step 1：打开 Photoshop，导入如图 2-64 所示的图片素材，选择背景橡皮擦工具。

Step 2：设置背景色。按快捷键 I 切换到吸管工具，在黑色的背景上单击，吸取背景色，然后按快捷键 X 将刚才吸取的颜色切换成背景色。

Step 3：设置前景色。选择吸管工具，在鲜花素材的绿色部分单击，吸取绿色作为前景色，得到如图 2-65 所示的前景色和背景色，勾选工具选项栏中的"保护前景色"复选框。

Step 4：选择"取样：背景色板"进行取样，"限制"选项中选择"不连续"，容差值设置为 50%，擦除绿色部分的背景，效果如图 2-66 所示。

Step 5：按快捷键 I 切换到吸管工具，在花瓣上吸取前景色，按快捷键 E 切换到背景橡皮擦工具，在花瓣上进行擦除，效果如图 2-67 所示。

Step 6: 在"图层"面板单击"创建新图层"按钮,新建一个图层,置于图层底部,填充背景色为白色,如图 2-68 所示,用于检测抠图效果。

图 2-64　　图 2-65　　图 2-66　　图 2-67　　　　图 2-68

Step 7: 选中鲜花所在的图层"图层 0"为当前图层,按快捷键 Ctrl+J 复制"图层 0",得到"图层 0 副本",如图 2-69 所示。

Step 8: 将"图层 0 副本"的混合模式改为"滤色",如图 2-70 所示。

Step 9: 将"图层 0 副本"的不透明度改为 40%,如图 2-71 所示。

复制前　　复制后

图 2-69　　　　　　图 2-70　　　　　　　图 2-71

典型工作任务二:利用背景橡皮擦抠取形状复杂的鲜花

任务解析:
利用背景橡皮擦将形状复杂的鲜花从背景图中抠出。

步骤解析:

Step 1: 导入图片,或直接将图片拖曳放入 Photoshop 中,如图 2-72 所示。

Step 2: 选择吸管工具,先吸取图片的黑色背景颜色作为背景色。锁定键盘大写,按 X 键可以不断切换前景色与背景色,接着使用吸管工具吸取叶子的颜色作为前景色,如图 2-73 所示。

图 2-72　　　　　　　　　　图 2-73

Step 3: 选择背景橡皮擦工具,调整工具选项栏中的参数,选择"取样:一次"选项,"限制"设置为"不连续",容差值设置为 50%,勾选"保护前景色"复选框,如图 2-74 所示。

Step 4: 使用背景橡皮擦工具擦除与工具选项栏中前景色颜色相同的部分,方法是按住鼠标左键不断拖动擦除背景部分,如图 2-75 所示。

Step 5：叶子背景部分擦除完毕后，使用吸管工具吸取鲜花的颜色作为前景色，如图 2-76 所示。
Step 6：锁定键盘大写，按快捷键 E 切回到背景橡皮擦工具，对鲜花的背景部分进行擦除，如图 2-77 所示。
Step 7：擦除完成后，会发现鲜花之间有一个与背景色颜色十分相近的地方，无法用背景橡皮擦工具进行擦除。这时需要用钢笔工具将它抠出，如图 2-78 所示。

图 2-74

图 2-75　　　　图 2-76　　　　图 2-77　　　　图 2-78

Step 8：使用钢笔工具将该部分抠完之后，单击鼠标右键并在弹出的快捷菜单中执行"建立选区"命令，羽化半径设置为 0.5 像素，再按 Delete 键进行删除，如图 2-79 所示。
Step 9：抠图完成后效果如图 2-80 所示。

图 2-79　　　　图 2-80

第六讲　蒙版抠图

典型工作任务：利用蒙版抠取婚纱照

德技并修

【职业精神：精益求精的工匠精神】
　　用通道蒙版抠图时，要有耐心，要细致，不能留有"白边"，不能出现锯齿，树立认真细致的工作作风和一丝不苟的做事态度，从而养成精益求精的工匠精神。

【职业能力：敏锐的思辨能力】
　　在抠图时，要认真分析每张图的特点，并能分辨出需要用哪种抠图工具来抠图，从而养成敏锐的思辨能力。

【职业道德：诚实守信的商道原则】
　　不要通过通道蒙版抠图故意编辑或篡改图像以达到欺骗或误导的目的。

任务解析：

利用蒙版将婚纱照中人物抠出，移动到新的背景中，合成为新的婚纱照。

步骤解析：

Step 1: 打开 Photoshop，执行"文件"|"打开"命令，导入图片素材，如图 2-81 所示。

Step 2: 打开"通道"面板，依次选择红、绿、蓝 3 个通道，比较在哪个通道中人物和背景对比比较强烈，对比后发现在蓝色通道中对比最强烈，如图 2-82 所示。

Step 3: 拖动蓝色通道到下方的"创建新通道"按钮上，复制一个蓝色通道副本，如图 2-83 所示。

Step 4: 首先分析一下这张图片，背景部分是需要抠掉的部分，模特身体部分是需要留下的部分，头纱是需要半透明的部分。在蒙版中黑色表示透明，白色表示不透明，灰色表示半透明。因此需要将背景部分处理成黑色，模特身体部分处理成白色，头纱部分处理成灰色。下面进行抠图，放大图片，使用快速选择工具抠取人物和婚纱，如果要求比较精确，可用钢笔工具抠图，如图 2-84 所示。

Step 5: 用白色的画笔将模特的身体及头发部分涂成白色，如图 2-85 所示。

图 2-81    图 2-82

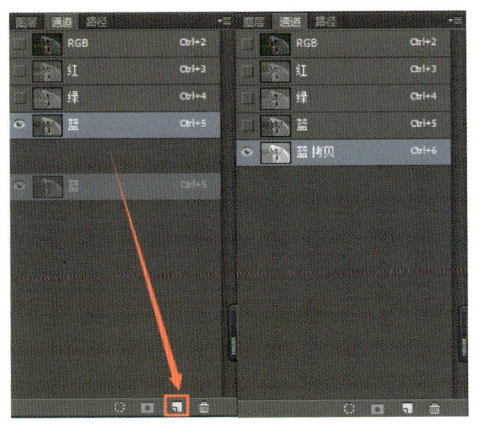

图 2-83    图 2-84    图 2-85

Step 6: 在蒙版中灰色代表半透明，灰度越高，透明度越高，因此为了增加婚纱的通透性，需要将婚纱亮度调低。执行菜单栏中的"图像"|"调整"|"亮度/对比度"命令，弹出"亮度/对比度"对话框，将亮度调低，如图 2-86 所示。

Step 7: 按"反选"快捷键 Shift+Ctrl+I，选中背景部分中要抠掉的部分，用油漆桶工具将此部分选区填充成黑色，填充完之后，如图 2-87 所示。

Step 8: 在按 Ctrl 键的同时单击蓝色通道副本的缩略图，得到如图 2-88 所示选区。

Step 9: 单击 RGB 颜色通道，得到如图 2-89 所示选区。

Step 10: 创建选区后，返回"图层"面板，单击"添加图层蒙版"按钮便完成了蒙版抠图，如图 2-90 所示。

Step 11: 用移动工具将抠好的人物拖到新的背景中，得到如图 2-91 所示效果。

048 项目二 抠图工具

图 2-86

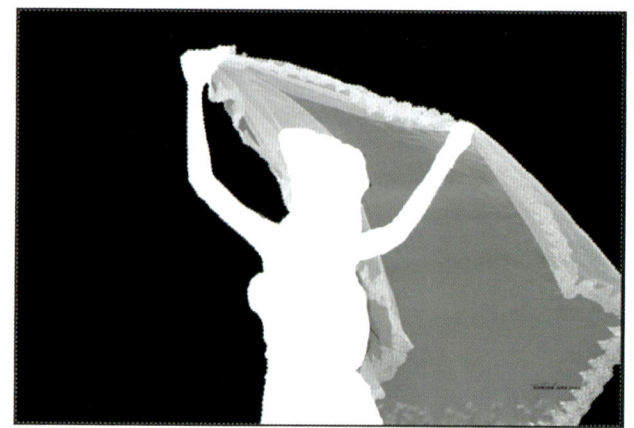

图 2-87

图 2-88

图 2-89

图 2-90

图 2-91

PROJECT THREE

项目三 修图工具

◆知识目标：

1．掌握裁剪工具的属性及使用方法；
2．掌握污点修复画笔工具的属性及使用方法；
3．掌握仿制图章工具的属性及使用方法；
4．掌握修复画笔工具的属性及使用方法；
5．掌握修补工具的属性及使用方法；
6．掌握图案图章工具的属性及使用方法；
7．掌握调整图层的属性及使用方法；
8．掌握模糊与锐化工具的属性及使用方法；
9．掌握液化滤镜的属性及使用方法；
10．掌握自由变换等命令的原理及使用方法；
11．掌握变换再次命令的原理及使用方法。

◆能力目标：

1．能正确而熟练地使用裁剪工具进行裁剪；
2．能正确而熟练地使用污点修复画笔工具进行修图；
3．能正确而熟练地使用仿制图章工具进行修图；
4．能正确而熟练地使用修复画笔工具进行修图；
5．能正确而熟练地使用修补工具进行修图；
6．能正确而熟练地使用图案图章工具进行图片设计；
7．能正确而熟练地使用调整图层命令进行修图；
8．能正确而熟练地使用模糊与锐化工具进行修图；
9．能正确而熟练地使用模糊滤镜进行修图；
10．能正确而熟练地使用液化滤镜进行修图；
11．能正确而熟练地使用自由变换命令进行图片处理；
12．能正确而熟练地使用变换再次命令进行图片处理。

◆素质目标：

1．树立认真的工作作风、一丝不苟的做事态度；
2．培养精益求精的工匠精神；
3．培养勇于探索的劳模精神；
4．培养独立思考、综合利用所学工具解决美工岗位实际问题的能力。

第一讲　裁剪工具

典型工作任务一：裁剪模特图

德技并修

【职业精神：精益求精的工匠精神】

在用裁剪工具进行裁剪时要注意细节，要有耐心，要结合构图的原理，树立认真细致的工作作风和一丝不苟的做事态度，从而养成精益求精的工匠精神。

任务解析：
利用裁剪工具制作模特效果图。

知识点讲解：
利用裁剪工具可以裁剪掉不需要的像素，还可以拉直处理的对象。裁剪工具选项栏参数含义如下：

（1）裁剪比例：在此下拉菜单中，可以选择裁剪工具在裁剪时的比例，如图3-1所示。

①不受约束：可以根据需求裁剪出任意大小的图像，长宽、大小和比例都不受约束。

②原始比例：无论裁剪的大小是多少，裁剪的长宽比例一定是原图像的长宽比例。

除此之外，我们还可以选择系统预设好的长宽比例，如1×1、4×5等。若是执行"大小和分辨率"命令，则会弹出如图3-2所示的对话框，可根据实际需求详细设置要裁剪的图像宽度、高度以及分辨率等参数。若执行"旋转裁剪框"命令，则可以将当前的裁剪框逆时针旋转90°，或恢复为原始的状态，如图3-3所示。

图3-1　　　　　图3-2　　　　　图3-3

（2）设置自定长宽比：在数值输入框中，可以设置裁剪的宽度及高度，以精确控制图像的裁剪，与"裁剪比例"下拉菜单中的"大小和分辨率"功能相同。

（3）纵向与横向旋转裁剪框：单击此按钮，与"裁剪比例"下拉菜单中的"旋转裁剪框"功能相同。

（4）拉直：单击此按钮后，可以在裁剪框内进行拉直校正处理，特别适合裁剪并校正倾斜的画面。在使用时，可以将光标置于裁剪框内，然后沿着要校正的图像拉出一条直线，如图3-4所示。

（5）视图：在此下拉菜单中，可以选择裁剪图像时的显示设置，如对角、三角形、黄金比例、黄金螺线等，如可以选择"黄金比例"，裁剪时把要突出的元素放到黄金分割点上，使画面构图更合理、视觉焦点更突出，如图3-5所示。

拉直前　　拉直后

图3-4

原图　　　　　　　借助"黄金比例"视图裁剪　　　　　　　裁剪后

图 3-5

步骤解析：

Step 1: 打开 Photoshop，导入模特图片素材。

Step 2: 按 C 键，切换到裁剪工具，设置自定义长宽为 800 像素 ×800 像素，得到如图 3-6 所示效果。

Step 3: 调整模特的位置和裁剪框的大小，按 Enter 键或单击"提交当前裁剪操作"按钮，得到如图 3-7 所示的 800 像素 ×800 像素效果。

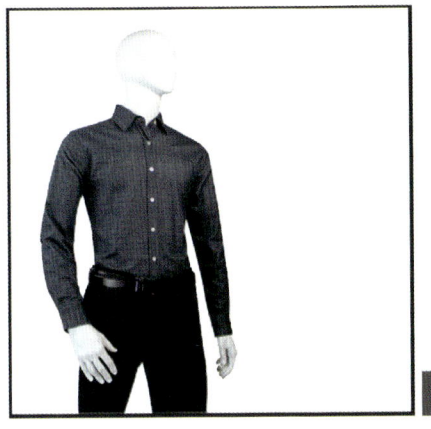

图 3-6　　　　　　　　　　　　　　　图 3-7

典型工作任务二：裁剪具有透视效果的计算机屏幕

任务解析：

将有透视效果的计算机屏幕裁剪成没有透视效果的矩形。

步骤解析：

Step 1: 打开 Photoshop，导入素材。

Step 2: 选择透视裁剪工具，分别在显示屏的 4 个顶点单击，建立 4 个控制柄，建立好之后如果不满意，可以进行调整，调整完成后按 Enter 键确认裁剪，如图 3-8 所示。

图 3-8

图 3-8（续）

第二讲　污点修复画笔工具

典型工作任务一：处理掉小番茄图片中的绳子和水印

德技并修

【职业精神：精益求精的工匠精神】
　　在使用污点修复画笔处理污点和修复图片时要注意细节，要有耐心，处理得要真实自然，不能有明显的 P 图痕迹，树立认真细致的工作作风和一丝不苟的做事态度，从而养成精益求精的工匠精神。

【职业能力：敏锐的思辨能力】
　　在修图时，要认真分析每张图的特点，能分辨出需要用哪种修图工具来修图，从而养成敏锐的思辨能力。

【职业道德：诚实守信的商道原则】&【职业能力：滋润身心的审美素养】
　　处理与美化商品图片的目的是更好地展示产品本身的特性，所以不能为了追求较好的视觉效果过分处理和美化商品图片，也不能过分夸大产品本身的特性，因此在提高审美素养的同时，还要坚守诚实守信的商道原则。

任务解析：
为了增加图片的美观度，将图片中用于固定小番茄的绳子和水印处理掉。

知识点讲解：
污点修复画笔工具是 Photoshop 中处理图片常用的工具之一，可以快速去除图片中的杂色、污斑等不需要的"污点"。使用时不需要取"源"，只需在污点处单击或涂抹即可，因为 Photoshop 能够自动分析"污点"周围的明暗度、颜色、纹理等，然后进行自动采样、自动修复。

步骤解析：
Step 1：打开 Photoshop，导入如图 3-9 所示的图片素材。

项目三 修图工具 053

Step 2： 按 J 键选中污点修复画笔工具 ，如果当前为修复画笔工具、修补工具、内容感知移动工具、红眼工具中的一种，按快捷键 Shift+J 切换到污点修复画笔工具，如图 3-10 所示。

图 3-9 图 3-10

Step 3： 根据要处理的"污点"粗细调整画笔的大小，按"["键可将画笔缩小，按"] "键可将画笔放大。分别在水印、绳子等要处理掉的"污点"上按住鼠标左键并涂抹，松开鼠标后 Photoshop 会自动处理掉"污点"，自动分析"污点"周围的明暗度、颜色、纹理等，从而进行自动采样、自动修复。值得注意的是，最后这根绳子穿插在黄色与绿色背景之中，由于颜色跨度大，若要通过一步操作完成会有比较明显的痕迹，则可以分两步处理，先处理绿色背景上的绳子，再处理小番茄上的绳子，这样效果比较好，如图 3-11 所示。

处理水印　　　　　处理第一根绳子　　　　　处理第二根绳子

处理背景上的第三根绳子　　处理小番茄上的第三根绳子　　处理完成后的效果

图 3-11

典型工作任务二：更改广告图价格

任务解析：

使用污点修复画笔工具将图中的价格"198.00"去掉，换成新的价格。

步骤解析：

Step 1：打开 Photoshop，导入如图 3-12 所示的行李箱图片素材。

Step 2：按 J 键选中污点修复画笔工具，如果当前为修复画笔工具、修补工具、内容感知移动工具、红眼工具中的一种，按快捷键 Shift+J 切换到污点修复画笔工具。将画笔调整到合适的大小，然后按住鼠标左键并拖动鼠标，直至"198.00"这几个数字全部被覆盖，如图 3-13 所示。松开鼠标左键后 Photoshop 会把"198.00"当成污点处理掉，自动分析它周围的明暗度、颜色、纹理等，从而进行自动采样、自动修复，如图 3-14 所示。

图 3-12

图 3-13

图 3-14

Step 3：按 T 键切换到文字工具，选择横排文字工具，在广告图上单击，创建文字，输入"199.00"，然后调整文字的字体、字号及颜色，最后按 V 键切换到移动工具，将价格移动到合适的位置，如图 3-15 所示。

图 3-15

第三讲　仿制图章工具

典型工作任务：去掉模特图中的杂物

德技并修

【职业精神：精益求精的工匠精神】

在使用修补工具处理污点和修复图片时要注意细节，要有耐心，处理得要真实自然，不能有明显的P图痕迹，树立认真细致的工作作风和一丝不苟的做事态度，从而养成精益求精的工匠精神。

【职业能力：敏锐的思辨能力】

在修图时，要认真分析每张图的特点，能分辨出需要用哪种修图工具来修图，从而养成敏锐的思辨能力。

【职业道德：诚实守信的商道原则】&【职业能力：滋润身心的审美素养】

处理与美化商品图片的目的是更好地展示产品本身的特性，所以不能为了追求较好的视觉效果过分处理和美化商品图片，也不能过分夸大产品本身的特性，因此在提高审美素养的同时，还要坚守诚实守信的商道原则。

任务解析：

为了使模特在整个画面中更加突出，需要将电线杆、站牌等分散注意力的杂物移除。

知识点讲解：

可以把仿制图章工具看作"复印机"，就是将图像中一个地方的图像复制到另外一个地方，使两个地方的内容一致。既然是复印机，那就需要有原始原件才能复印。因此使用仿制图章工具前要先定义采样点，也就是被复制的位置，我们称之为"源"（图3-16）。

取"源"的方法是按住 Alt 键在要复制的地方单击。如图 3-17 所示，按住 Alt 键在小番茄上单击一下取"源"，然后在左上角拖动鼠标绘制，就会看到"源"处的图像被复制出来了。

图 3-16 　　　　图 3-17

值得注意的是，"源"的位置并不是一成不变的，当在左上角拖动鼠标的时候，取"源"的地方会产生一个"十"字光标并同时移动。涂抹的地方出现的图像正是"十"字光标所在处的图像，即涂抹的地方复制的是"十"字光标处的图像。因此定义的"源"并不是复制的对象，只是复制的"起始点"。

此外，复制出来的图像不会根据新的背景处的颜色、纹理、明暗度等进行自我调整以达到相互融合的目的，而是和"源"处的图像一模一样，100%地复制原图，这是仿制图章工具的优点，也是它的局限性。

步骤解析：

Step 1：打开 Photoshop，导入如图 3-18 所示的图片素材。

Step 2：调整画笔大小使其和电线杆的粗细差不多，大小设置为 50 像素左右，硬度为 100%，按住 Alt 键，在电线杆附近的绿植上单击取"源"。然后在电线杆上自上而下涂抹，直至绿植和地面的交界处，交界处要小心涂抹，可以通过单击一步一步处理边界。当绿植上的电线杆已经处理掉后，效果如图 3-19 所示。

图 3-18　　　　　　　　　　　　图 3-19

Step 3：用同样的方法，在地面上取"源"，处理地面上的裂痕，如图 3-20 所示。

Step 4：在绿植上取"源"处理站牌，处理站牌和人的交界处时为了处理得更加精确，可以在按 Alt 键的同时向上滚动鼠标滚轴放大图像，还可以根据处理部位的大小按"［"键和"］"键灵活调整画笔的大小，在处理时要注意"十"字光标不能落到模特身上，因为"十"字光标经过的地方都会被复制。我们发现原站牌的地方处理的效果不太好，看起来不真实，这是因为仿制图章工具是 100% 复制，不会根据周围的背景进行自我调整，导致原站牌处的绿植比较有规律，如图 3-21 左图所示。为了解决这个问题，可以选择修复画笔工具在原站牌处的绿植上进行处理，打乱有规律的绿植，如图 3-21 右图所示。因为修复画笔工具能根据周围的背景进行自动调整，使之能与背景更自然地融合，详细的使用方法请参考修复画笔工具相关内容。这就要求在处理图像时不能简单地只使用一种工具，要根据工作需要随时切换到更加适合的工具。

图 3-20

图 3-21

第四讲 修复画笔工具

典型工作任务：去除照片上的污点

德技并修

【职业精神：精益求精的工匠精神】

在使用修复画笔工具处理污点和修复图片时要注意细节，要有耐心，处理得要真实自然，不能有明显的P图痕迹，树立认真细致的工作作风和一丝不苟的做事态度，从而养成精益求精的工匠精神。

【职业能力：敏锐的思辨能力】

在修图时，要认真分析每张图的特点，能分辨出需要用哪种修图工具来修图，从而养成敏锐的思辨能力。

【职业道德：诚实守信的商道原则】&【职业能力：滋润身心的审美素养】

处理与美化商品图片的目的是更好地展示产品本身的特性，所以不能为了追求较好的视觉效果过分处理和美化商品图片，也不能过分夸大产品本身的特性，因此在提高审美素养的同时，还要坚守诚实守信的商道原则。

任务解析：

利用修复画笔工具，去除照片上的污点。

知识点讲解：

修复画笔工具其实是仿制图章工具的派生工具，弥补了仿制图章工具的一些不足。仿制图章工具对图案的复制是原样照搬的，即被处理区域完全复制了"源"处的图像，这样在色调相差较大的地方使用就会产生很不协调的效果。例如，在图 3-22 所示的原图中，在青色番茄上定义"源"，然后在左边涂抹，效果就非常生硬，被复制的青色番茄不能融入新的背景中，如图 3-23 所示。修复画笔工具的使用方法和仿制图章工具的使用方法是一样的，这里不再赘述。接下来用修复画笔工具进行同样的操作，在青色番茄上定义"源"，然后在左边涂抹，效果比仿制图章工具好得多，如图 3-24 所示。因为修复画笔工具不仅可以复制"源"处的图像，还能根据修复处的色调、纹理、明暗度进行自动调整使复制的图像能够和新的背景更加融合，这个功能和污点修复画笔工具相同。修复画笔工具和污点修复画笔工具的区别是，污点修复画笔工具适合修复"污点"，之所以称为"污点"，是因为面积比较小。污点修复画笔工具比较适合修复细小的瑕疵，不适合大面积修复。修复画笔工具比较灵活，无论面积大小都可以修复，但是修复前需要定义"源"。

图 3-22

图 3-23   图 3-24

步骤解析：

Step 1：打开 Photoshop，导入如图 3-25 所示的图片素材。

Step 2：按 J 键选中修复画笔工具，按 Alt 键分别在污点附近单击取"源"，对背景、头发、衣服上的污点进行处理，处理的时候可以根据污点大小，按"["键和"]"键调整画笔大小。需要注意的是人物左肩上的白色污点，这个污点同时在背景和衣服上，因此需要分别在衣服和背景上定义"源"，然后分别处理衣服部分的污点和背景部分的污点，并且要求衣服和背景交界处边界明显，不能相互融合。这一点修复画笔工具做不到，可以使用仿制图章工具，如图 3-26 所示。

每种修复工具都具有自己的优点和局限性，因此在处理图片前要认真分析处理要求，然后结合每种工具的特点选择合适的工具进行处理，必要的时候可能要选择多种工具配合使用。

图 3-25

去除背景上的污点　　去除头发、衣物上的污点　　去除衣服和背景交界处的污点　　最后效果

图 3-26

第五讲　修补工具

典型工作任务：处理掉图片中的文字

德技并修

【职业精神：精益求精的工匠精神】

在使用修补工具处理污点和修复图片时要注意细节，要有耐心，处理得要真实自然，不能有明显的 P 图痕迹，树立认真细致的工作作风和一丝不苟的做事态度，从而养成精益求精的工匠精神。

【职业能力：敏锐的思辨能力】

在修图时，要认真分析每张图的特点，能分辨出需要用哪种修图工具来修图，从而养成敏锐的思辨能力。

【职业道德：诚实守信的商道原则】&【职业能力：滋润身心的审美素养】

处理与美化商品图片的目的是更好地展示产品本身的特性，所以不能为了追求较好的视觉效果过分处理和美化商品图片，也不能过分夸大产品本身的特性，因此在提高审美素养的同时，还要坚守诚实守信的商道原则。

任务解析：

利用修补工具，处理掉图片中的文字。

知识点讲解：

（1）修补工具的作用：使用修补工具可以用其他区域或图案中的像素来修复选中的区域，可以修改有明显裂痕或污点等有缺陷的图像，适合大面积的修复。

（2）修补工具有"正常"和"内容识别"两种修补模式，当选择"正常"修补模式时，会出现"源"和"目标"两种修补方式，如图 3-27 所示。

图 3-27

①选择"源"时，是用"目标"修补"源"。如图 3-28 所示，用修补工具圈出一朵棉花作为"源"，然后拖动棉花到"目标"处，"源"处的棉花被"目标"修补，修补的是"源"处的内容，如图 3-29 所示。释放鼠标后 Photoshop 会根据"目标"和"源"两个地方的图案、明暗度、纹理、色调等进行自动修复，使修复的区域与周围的环境能够比较自然地融合，如图 3-30 所示。按快捷键 Ctrl+D 取消选区，效果如图 3-31 所示。

图 3-28

图 3-29 　　　　　　　　图 3-30 　　　　　　　　图 3-31

②选择"目标"时，是用"源"修补"目标"。为了对比这两种修补方式的区别，依旧用修补工具圈出一朵棉花作为"源"，如图 3-32 所示，然后拖动棉花到"目标"处，"目标"处的背景被"源"处的棉花修补，修补的是"目标"处的内容，如图 3-33 所示。释放鼠标后 Photoshop 会根据"目标"和"源"两个地方的图案、明暗度、纹理、色调等进行自动修复，使修复的区域与周围的环境能够比较自然地融合，如图 3-34 所示。按快捷键 Ctrl+D 取消选区，效果如图 3-35 所示。因此如果把棉花当成污点处理掉，需要"取"干净的背景作为"源"，如图 3-36 所示，然后移动到"目标"棉花上，效果如图 3-37 所示。

图 3-32

图 3-33 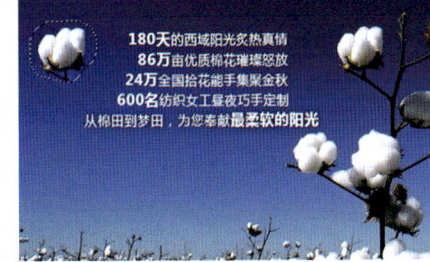　　　　　　　　图 3-34 　　　　　　　　图 3-35

图 3-36　　　　　　　　　　　　　图 3-37

（3）当选择"内容识别"修补模式时，工具选项栏会出现"适应"下拉列表，用于设置"显示源区域的保留严格程度"，其中共有非常严格、严格、中、松散、非常松散 5 种适应模式。其修补方式和"正常"修补模式的"源"差不多，都是用"目标"来修补"源"，但是 Photoshop 进行自动识别和修补时，两者之间的计算方式不同，"内容识别"修补模式更多地保留了"源"的内容，如图 3-38 所示。

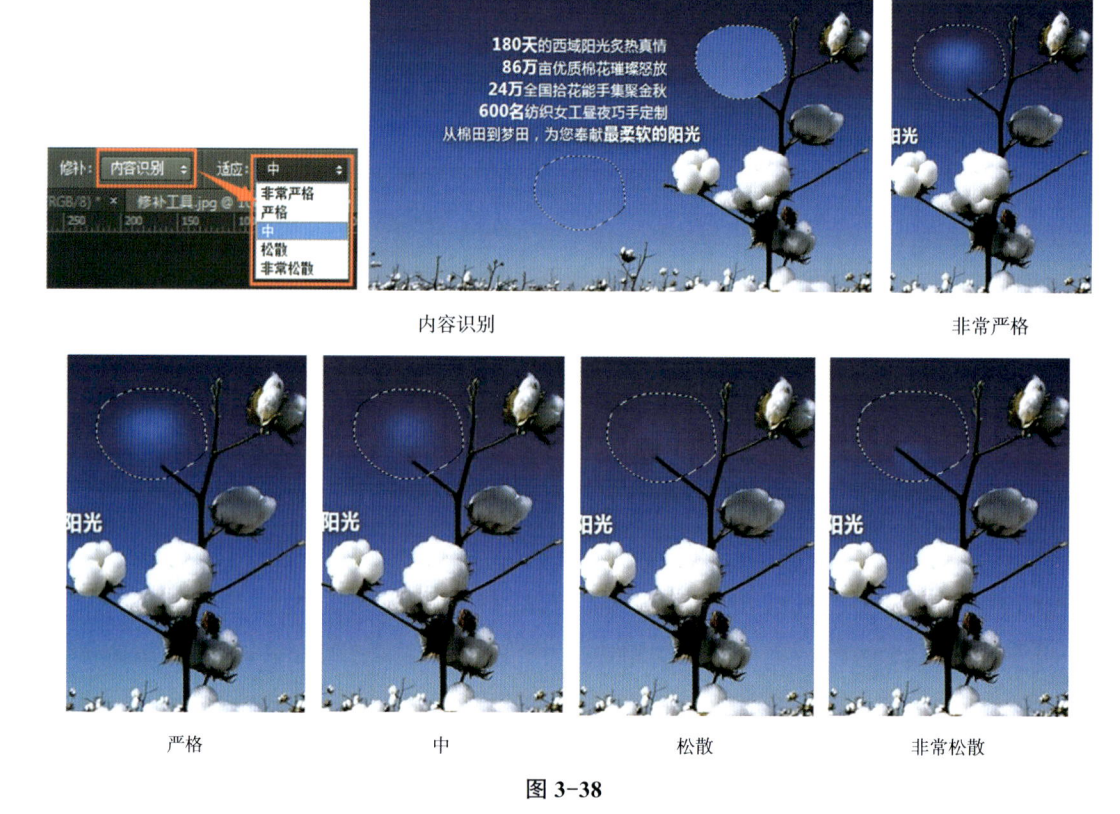

内容识别　　　　　　　　　　　　　非常严格

严格　　　　　中　　　　　松散　　　　　非常松散

图 3-38

步骤解析：

Step 1：打开 Photoshop，执行"文件"|"打开"命令，导入素材，如图 3-39 所示。

Step 2：选择修补工具，选择修补模式为"正常"，修补方式为"源"，如图 3-40 所示。

图 3-39　　　　　　　　　　　　　图 3-40

Step 3: 用修补工具圈出文字区域，如图 3-41 所示。

Step 4: 将光标放在文字区域内，按住鼠标左键，向左边干净的地方拖动，来实现修补。因为此处为上下径向渐变的背景，所以拖动鼠标时按住 Shift 键可以实现水平拖动，这样可以使修复后的背景更加自然，不会有颜色错位，如图 3-42 所示。

Step 5: 继续向左拖动鼠标，如图 3-43 所示。

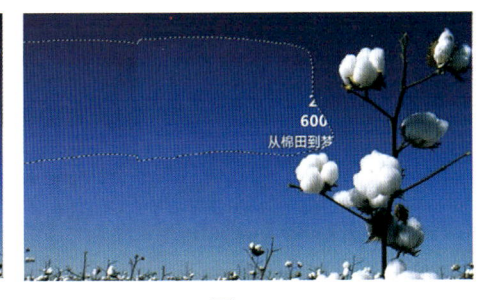

图 3-41　　　　　　　　　图 3-42　　　　　　　　　图 3-43

Step 6: 按快捷键 Ctrl+D 取消选区，重新对剩下的文字创建一个比较小的选区，如图 3-44 所示。

Step 7: 往左拖动选区，如图 3-45 所示。

Step 8: 按快捷键 Ctrl+D 取消选区，得到如图 3-46 所示效果。

图 3-44　　　　　　　　　图 3-45　　　　　　　　　图 3-46

第六讲　图案图章工具

典型工作任务：设计海报背景

德技并修

【职业精神：精益求精的工匠精神】

在使用图案图章工具修图和设计图片时要注意细节，要有耐心，处理得要真实自然，不能有明显的P图痕迹，树立认真细致的工作作风和一丝不苟的做事态度，从而养成精益求精的工匠精神。

任务解析：
设计粉色小点背景，用于海报设计，如图 3-47 所示背景。

知识点讲解：
图案图章工具和仿制图章工具一样也是用于完全复制，但在使用前需要将想要复制的图案通过菜单栏中的"编辑"|"定义图案"命令存储到"图案拾色器"中。使用的时候选择图案图章工具，选择"图案拾色器"中预存的图案进行复制。

图 3-47

步骤解析：

Step 1：首先分析图片，背景上的粉色小点分布均匀、规律，因此只需要做一个小粉色小点，然后用图案图章工具复制即可。

Step 2：新建一个 20 像素 ×20 像素的文件，背景填充为浅粉色，如图 3-48 所示。

Step 3：前景色设置为更浅一点的粉色，画笔大小设置为"10"，硬度设置为"70%"。在画布的中心位置单击鼠标，如图 3-49 所示。

Step 4：执行菜单栏中的"编辑"|"定义图案"命令，弹出"图案名称"对话框，给图案重命名，然后单击"确定"按钮，如图 3-50 所示。

图案图章工具典型工作任务步骤解析

图 3-48   图 3-49   图 3-50

Step 5：使用矩形选框工具在背景中创建一个选区，然后选择图案图章工具，在工具选项栏中打开"图案拾色器"，选择刚才定义的"粉色点"图案，在选区内进行涂抹，得到如图 3-51 所示效果。

图 3-51

Step 6：如果觉得粉色点作为背景太明显会分散注意力，可以执行菜单栏中的"滤镜"|"模糊"|"高斯模糊"命令，打开"高斯模糊"对话框进行模糊处理，可以将半径设置为 2 像素。按快捷键 Ctrl+D 取消选区，得到如图 3-52 所示效果。

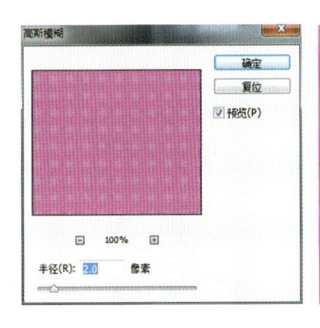

图 3-52

第七讲 图像调色

很多时候由于拍摄环境等客观条件的限制，拍摄出来的商品图片质量不高，这就需要用 Photoshop 进行调整，使图片能够更好地反映商品的品质，从而提高商品的视觉效果。常见的色彩调整方式有亮度/对比度、色阶、曲线、色相/饱和度等，如图 3-53 所示。这种方法是通过改变原图的像素进行调色，因此会对原始图像造成很大的破坏，并且这种破坏是不可逆的。例如，通过执行"图像"|"调整"|"亮度/对比度"命令，先将亮度调整为"-150"使图像变暗，然后再通过此命令将亮度调整为"+150"使图像变亮。表面来看，这一减一增的操作是可以相互抵消的，但事实上图片并不能完全恢复到原来的状态。因为第一次的操作确认后，就会使图像中的像素发生改变，而第二次的操作是在改变后的图像上进行的操作，原始图像中已经丢失的细节将无法找回。如果只对图像进行一两次色彩调整，那么这种图像损失或许还是可以勉强接受的，但如果一幅图像要经过多个调整命令，这种损失就会累加起来，将会造成严重的失真问题。

通过"调整"面板进行调色可以解决这个问题。例如同样进行两次亮度调整，执行"调整"面板中的"亮度/对比度"命令

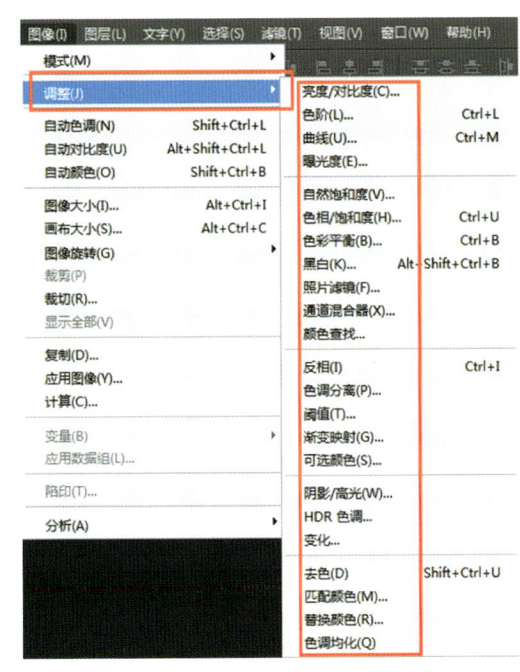

图 3-53

将亮度调整为"-150"，会发现"图层"面板新添加了一个调整图层"亮度/对比度1"，再次执行"调整"面板中的"亮度/对比度"命令将亮度调整为"+150"，"图层"面板中又新添了一个调整图层"亮度/对比度2"，我们试着隐藏新添加的 2 个调整图层，发现原图没有发生变化，如图 3-54 所示。也就是说，通过"调整"面板调色并没有直接编辑原图，只是在原图上添加了调整图层，通过编辑调整图层，达到调整原图的效果，因此原图没有受到任何破坏。这就有效解决了用"图像"|"调整"命令进行调色时造成的图片失真问题。

此外，通过"调整"面板调色还增加了可编辑性。当一张图片出现问题时，往往通过一条调整命令无法将图片调整到最佳效果，需要"亮度/对比度""色阶""曲线""色相/饱和度"等调整命令里的几种命令配合使用。这时，"调整"面板调色的可编辑性的优点将会发挥得淋漓尽致。

例如，对图像进行了亮度调整之后发现图像色彩不正，这时就需要调整色相。但是当调整好色相之后，发现第一步中调整亮度的效果不佳。如果是通过

图 3-54

"图像"|"调整"菜单调整的，就必须撤销历史记录到亮度调整之前，即撤销刚才的亮度和色相调整，然后重新调整亮度和色相。如果调整完之后效果仍不佳，再撤销后重新调整。按照这样的思路，如果一幅图像综合应用了多种色彩调整命令，改变其中任何一个设定，都可能引起一系列的连锁改变，因此非常不方便。

用"调整"面板调色刚好能解决这个问题，因为每执行一个调整命令都会新建一个调整图层，当哪个调整命令调整的效果不佳时，双击那个调整图层，会弹出对应的调整命令对话框，可以重新设置参数，甚至可以删掉这条调整命令，这就极大地增加了图像色彩调整的可编辑性。

因此在进行色彩调整时，为了增加可编辑性，尽量使用"调整"面板进行调色。

德技并修

【职业精神：勇于探索的劳模精神】

在对图像进行调色时，要认真分析、敢于尝试，树立认真的工作作风和一丝不苟的做事态度，养成勇于探索的劳模精神。

【职业能力：敏锐的思辨能力】

在对图像进行调色时，要认真分析每张图存在的问题，并能分辨出需要通过调整哪些参数来修复图片，养成敏锐的思辨能力。

【职业道德：诚实守信的商道原则】&【职业能力：滋润身心的审美素养】

处理与美化商品图片的目的是更好地展示产品本身的特性，所以不能为了追求较好的视觉效果过分处理和美化商品图片，也不能过分夸大产品本身的特性，因此在提高审美素养的同时，还要坚守诚实守信的商道原则。

典型工作任务一：调整整体偏暗的行李箱

任务解析：

由于拍摄环境原因，摄影师拍摄的行李箱商品图片偏暗，需要进行色彩调整。

知识点讲解：

亮度：是指画面的明亮程度。

对比度：是指画面黑与白的比值，也就是从黑到白的渐变层次。比值越大，从黑到白的渐变层次就越多，从而色彩表现越丰富。因此对比度较大时，图像会比较清晰、醒目，色彩会比较鲜明、艳丽；对比度较小时，则反之。

步骤解析：

Step 1：打开 Photoshop，导入素材。单击"调整"面板中的"亮度/对比度"按钮，如图 3-55 所示，添加一个亮度/对比度调整图层。

Step 2：在弹出的"亮度/对比度"对话框中，分别调整"亮度"和"对比度"的参数，如图 3-56 所示。单击"自动"按钮，Photoshop 会自动调整亮度和对比度，若对自动调整效果不满意，则可以在自动调整的基础上进行手动微调。

Step 3：设置完成后，得到如图 3-57 所示效果。

图 3-55　　　　　图 3-56　　　　　图 3-57

调整前　　调整后

典型工作任务二：调整大红枣产品图

任务解析：
对大红枣产品图进行调整，使图片更加清晰，层次感更加鲜明。

知识点讲解：
色阶：用来调整图片明暗程度的工具，有黑色、灰色、白色三个滑块。黑色代表暗部，灰色代表中间调，白色代表高光，拖动这些滑块就可以调整图片的明暗程度，可以按照图片的实际明暗选择相应的滑块快速修复图片的明暗程度。"输出色阶"由黑色至白色渐变构成，拖动两边的滑块可以快速调整明暗程度。

步骤解析：

Step 1：打开 Photoshop，导入素材。单击"调整"面板中的"色阶"按钮，添加一个色阶调整图层，如图 3-58 所示。

Step 2：在弹出的"色阶"对话框中，分别调整暗部、中间调和高光的滑块，参数如图 3-59 所示。单击"自动"按钮，Photoshop 会自动调整暗部、中间调和高光的参数，若对自动调整效果不满意，可以在自动调整的基础上进行微调。

Step 3：单击"调整"面板中的"亮度/对比度"按钮，添加一个亮度/对比度调整图层，如图 3-60 所示。

Step 4：在弹出的"亮度/对比度"对话框中，分别调整"亮度"和"对比度"参数，如图 3-61 所示。

图 3-58　　　图 3-59　　　图 3-60　　　图 3-61

Step 5：设置完成后，得到如图 3-62 所示效果。

"色阶"命令还有一个很好用的功能，在"色阶"对话框中最左边有 3 个吸管，分别可以在图像中取样设置黑场、灰场和白场，常用的是定义白场，即画面中最亮的部分。可以通过定义白场，使画面的背景变成白色，免去抠图的麻烦，如图 3-63 所示。

调整前　　　调整色阶后　　　进一步调整亮度/对比度后

图 3-62　　　　　　　　　　图 3-63

典型工作任务三：制作丑橘主图

任务解析：

处理丑橘原图3-64，并将其移动到丑橘主图中去，完成主图设计。按照常规的做法需要将丑橘抠出来移到主图中去，但这样做有两个缺点，一是抠图耗费时间，二是抠图之后产品自带的阴影就抠掉了。而利用"色阶"命令中的自定义白场解决这个问题既省时且效果又好。

图 3-64

步骤解析：

Step 1：打开 Photoshop，导入素材。将丑橘移动到主图中，并调整丑橘的大小和位置，如图 3-65 所示。

Step 2：单击"调整"面板中的"色阶"按钮，添加一个色阶调整图层，选择自定义白场吸管，在丑橘图像上找一个合适的点定义白场，可以多试几次定义白场的位置，以求达到最佳效果。图 3-66 所示效果是在红框内定义的白场，这里一键完成了抠图效果，还自带阴影。

图 3-65   图 3-66

典型工作任务四：调整丑橘的亮度及色彩

任务解析：

这里需要找一款能同时调整图片明暗度和色调的工具进行调色。

知识点讲解：

曲线是调色中运用非常广泛的工具，不仅可以用来调整图片的明暗度，还可以通过单色通道调色、校正颜色、增加对比以及用来制作一些特殊的塑胶或水晶效果等。

步骤解析：

Step 1：打开 Photoshop，导入素材，如图 3-67 所示。

Step 2：单击"调整"面板中的"曲线"按钮，添加一个曲线调整图层。选择绿色通道调整曲线，Photoshop 只调整绿色，其他颜色不受影响。通过观察发现丑橘的叶子和树枝变绿了，同时背景也变绿了，当然这不是想要的效果，这么调整的目的是想给大家实验一下单色通道调色，所以在调整时要把握度，过犹不及。这里撤销这一步操作，重新调整，如图 3-68 所示。

Step 3：选择复合通道进行整体调整，图像的亮度发生了变化，色彩也发生了变化，如图 3-69 所示。

Step 4：在曲线的左边也有一列自定义黑场、灰场和白场的吸管，其功能和使用方法与色阶一样，选择自定义白场吸管，然后在丑橘图像上找个合适的点自定义白场，得到如图 3-70 所示效果。

图 3-67 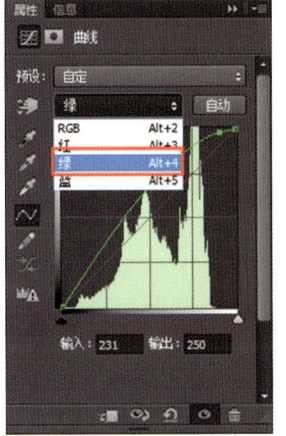 　　　　　　　　　　　　　　　　　图 3-68

图 3-69 　　　　　　　　　　　　　　　　　图 3-70

典型工作任务五：调整模特图使颜色更加鲜艳

任务解析：

通过调整饱和度使图片的颜色更加饱满、鲜艳。

知识点讲解：

饱和度：是指色彩的鲜艳程度，也称色彩的纯度。饱和度取决于该色中含色成分和消色成分（灰色）的比例。含色成分越大，饱和度越大；消色成分越大，饱和度越小。纯的颜色都是高度饱和的，如鲜红色、鲜绿色。

自然饱和度：自然饱和度只能提升画面中比较柔和（饱和度低）的颜色，而使原本饱和度高的颜色保持原状。

自然饱和度是在调整其数值的时候可以保证不会有太多的失真和溢出，而饱和度是最直接的数值调整，也就是说，在调整自然饱和度时比饱和度调整数值时的变化要小一些。

步骤解析：

Step 1：打开 Photoshop，导入素材，如图 3-71 所示。

Step 2：通过"调整"面板添加"自然饱和度"命令，只调节"饱和度"，数值如图 3-72 左图所示。这时，天空的饱和度变高，天空变得更蓝了，但是人物皮肤的饱和度也变高了，如图 3-72 右图所示。

Step 3：还原"饱和度"的数值，将"自然饱和度"的数值调整为"＋66"，如图 3-73 左图所示。这时，天空的饱和度变高，天空变得更蓝了，但是人物皮肤的饱和度基本上没有变，如图 3-73 右图所示。

图 3-71

图 3-72

图 3-73

典型工作任务六：调整大红枣图像

任务解析：

图 3-74 是前面讲色阶时调整过的一张图，在图 3-74 的基础上提高产品的饱和度，增加大红枣的质感。

步骤解析：

Step 1：通过"调整"面板添加"自然饱和度"命令，添加自然饱和度调整图层，如图 3-75 所示。

图 3-74

Step 2：在弹出的"自然饱和度"对话框中，调整图像的自然饱和度，参数如图 3-76 所示。

Step 3：调整了色阶、亮度/对比度、自然饱和度之后的效果如图 3-77 所示。

图 3-75

图 3-76

原图　　　效果图

图 3-77

典型工作任务七：用红色的手机支架调出其他颜色的手机支架

任务解析：

有一款手机支架有 6 种颜色，现在需要一张包含所有颜色的整体图制作海报，为了保证海报的美观度，要求 6 种颜色的手机支架造型一致。在拍摄现场发现很难使 6 种颜色的手机支架造型统一，于是改变了策略，只拍摄红色的手机支架，其他 5 种颜色的手机支架通过红色的手机支架调色得出。

知识点讲解：

色相：是指颜色的外貌，范围为 0～360，色相的特征取决于光源的光谱组成以及物体表面反射的各波长，当人眼看一种或多种波长的光时所产生的彩色感觉，反映颜色的种类，决定颜色的基本特性。色相差别是由光波波长的长短产生的。即便是同一类颜色，也能分为几种色相，如黄颜色可以分为中黄、土黄、柠檬黄等。光谱中有红、橙、黄、绿、蓝、靛、紫七种基本色光。

步骤解析：

Step 1：打开 Photoshop，导入素材，如图 3-78 所示。

整体图　　　　　　　　　　　　　　红色的手机支架

图 3-78

Step 2：用魔棒工具将红色的手机支架抠出，移动到整体图上。第一个是红色不用调整，按快捷键 Ctrl+J 复制 1 个红色副本，并选择移动工具，向后移动一些，准备调出粉红色，如图 3-79 所示。

Step 3：通过"调整"面板添加"色相/饱和度"命令，添加色相/饱和度调整图层，如图 3-80 所示。

图 3-79　　　　　　　　　　　图 3-80

Step 4：在弹出的"色相/饱和度"对话框中调整色相，此时所有手机支架的颜色都跟着一起变化，这是因为刚添加的这个调整图层对它下面的所有图层都起到了调整作用，这不是想要的结果，我们希望这个调整图层只对它下面的图层即"图层 1 副本"起作用，如图 3-81 所示。

Step 5：为了解决上面这个问题，需要做剪贴蒙版。方法如下：选中色相/饱和度调整图层作为当前图层，然后执行菜单栏中的"图层"|"创建剪贴蒙版"命令，或按快捷键 Alt+Ctrl+G。这时，色相/饱和度调整图层的缩略图

会向后缩进，并多了一个向下的箭头，且只对离得最近的下一个图层起作用。再来看刚才调整的画面，其他手机支架的颜色都恢复原貌了，只有"图层1副本"上的这个手机支架受到了影响，如图3-82所示。

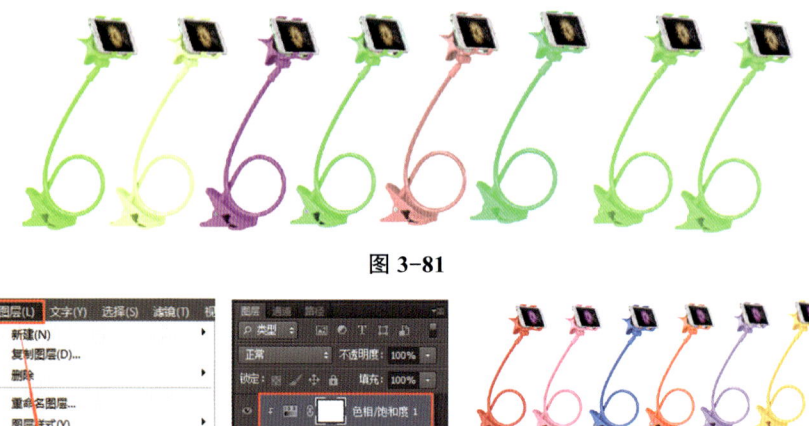

图 3-81

图 3-82

Step 6：按Alt键之后，把光标移动到两个图层中间，光标会变成如图3-83所示的"正方形+向下"的箭头，这时单击鼠标左键，即可创建剪贴蒙版。

Step 7：为了使色彩调整不影响其他图层，需要让每个调整图层都以剪贴蒙版的形式作用一个图层，如果一个一个创建剪贴蒙版就太麻烦了，因此可以在创建调整图层之前，单击"调整"面板的面板菜单按钮，然后在弹出的菜单中执行"剪切到图层"命令。这样后面创建的调整图层都会自动创建剪贴蒙版，并只作用于下面的一个图层，如图3-84所示。

图 3-83　　　　图 3-84

Step 8：其实在刚才调整的图层里还存在一个问题，那就是手机上图案的颜色变了，因此不能在全图复合通道下调整，如图3-85所示，要在红色单通道下调整，这样红色以外的其他颜色不受影响，如图3-86所示。

图 3-85　　　　图 3-86

Step 9：下面重点讲解怎么调色。删除刚才添加的调整图层，重新添加一个色相/饱和度调整图层，在红色单通道下进行调整。首先调整移动"色相"下面的滑块，定位在与粉色最接近的位置，如图3-87所示。

Step 10：现在调出来的颜色比实际颜色鲜艳，因此要将饱和度降低，如图3-88所示。

图 3-87　　　　　　　　　　　　　　　　　　　　图 3-88

Step 11：现在调出来的颜色还是比实际颜色鲜艳、明亮，因此要将明度调高，使粉色变浅，经过这一步的调整终于和实际颜色比较接近了，如图 3-89 所示。

Step 12：上一步操作的结果比实际颜色偏灰，因此试着将饱和度调高一些，如图 3-90 所示。

图 3-89　　　　　　　　　　　　　　　　　　　　图 3-90

Step 13：颜色还是比实际颜色偏深，调整一下色相，如图 3-91 所示。

Step 14：颜色还是比实际颜色偏深，再调整一下明度和饱和度，经过多次微调，得到如图 3-92 所示效果。

图 3-91　　　　　　　　　　　　　　　　　　　　图 3-92

Step 15：选中红色的手机支架作为当前图层，连按 4 次快捷键 Ctrl+J 复制出 4 个红色副本，并选择移动工具，将4个副本的位置排好。然后通过多次调整得出蓝色的参数，如图3-93所示。

Step 16：同理，调出橙色的手机支架，如图3-94所示。

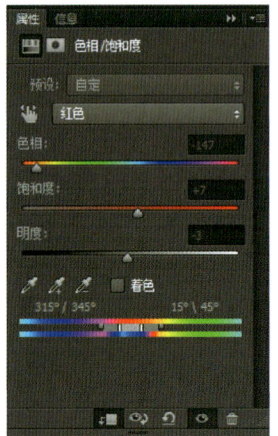

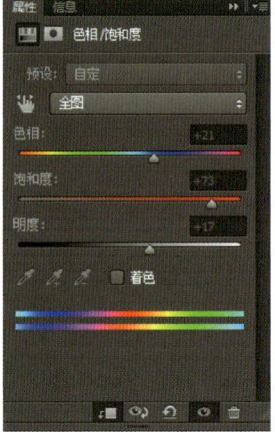

图 3-93

图 3-94

Step 17：同理，调出紫色的手机支架，如图3-95所示。

Step 18：同理，调出黄色的手机支架，如图3-96所示。

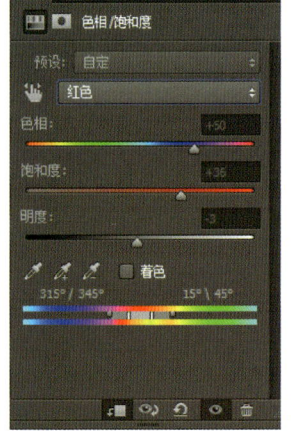

图 3-95

图 3-96

第八讲　模糊与锐化工具

典型工作任务：虚化局部背景

德技并修

【职业道德：诚实守信的商道原则】

用模糊与锐化工具处理模特和商品图片，是为了更好地突出产品本身的卖点，提高产品的视觉效果，但是不能为了追求较好的视觉效果过分处理、过分美化、夸大产品本身的特性，在提高审美素养的同时，还要坚守诚实守信的商道原则。

项目三 修图工具 073

任务解析：

为了突出某件实物，经常采用的措施是模糊其周围的背景，使其更加突出。

知识点讲解：

（1）模糊工具：选择模糊工具对需要处理的地方进行涂抹，被涂抹的地方就会变得模糊。

（2）锐化工具：锐化工具一般用来处理模糊的图像，使用锐化工具对模糊的地方进行涂抹，可以使画面变得清晰，但是如果涂抹得太多会增加噪点。

模糊工具与锐化工具是两个相对的工具，模糊工具可以让图片变得模糊，锐化工具又可以让图片变得清晰，看似矛盾的两个工具，配合使用却可以让图片达到更好的效果。

步骤解析：

Step 1：选择模糊工具，调整画笔大小，涂抹带壳的香榧和席子，使其变得模糊，如图 3-97 所示。

Step 2：选择锐化工具，调整画笔大小，涂抹剥开的几颗香榧，尤其是最上面的一颗，使其变得更加清晰，如图 3-98 所示。

原图 　　　　　　　　　模糊后

图 3-97　　　　　　　　　　　　　　　　图 3-98

第九讲　液化滤镜

典型工作任务：给模特瘦身

德技并修

【职业道德：诚实守信的商道原则】

用液化工具处理与美化商品图片，是为了更好地突出产品本身的特性或者产品的细节，弱化背景等干扰元素，但是不能为了追求较好的视觉效果过分处理和美化商品图片，也不能过分夸大产品本身的特性，因此在提高审美素养的同时，还要坚守诚实守信的商道原则。

任务解析：

利用液化工具，对模特进行瘦身。

知识点讲解：

液化工具是一种对图像进行收缩、推拉、扭曲、旋转等变形处理的变形工具。

液化工具包含：向前变形工具、重建工具、顺时针旋转扭曲工具、褶皱工具、膨胀工具、左推工具等。

液化工具的高级模式中还包含冻结蒙版工具和解冻蒙版工具。

（1）向前变形工具：和普通的涂抹工具类似，将图像沿着光标行进的方向拉伸。作用范围以画笔大小为准，如图 3-99 所示。

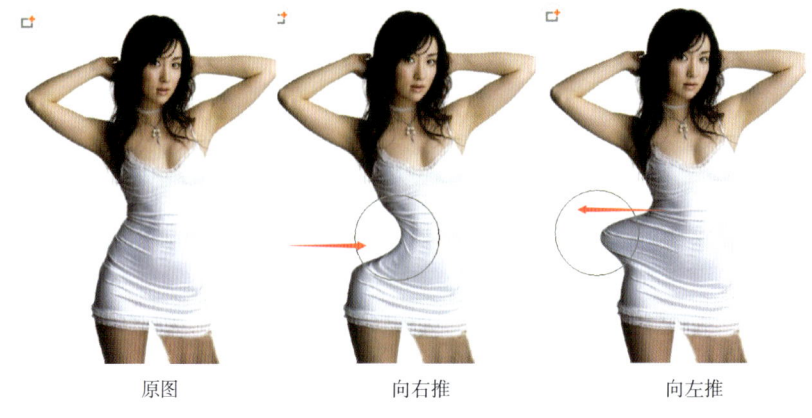

图 3-99

（2）重建工具：可以一步一步地撤销各个液化工具的效果，如果持续按住鼠标左键就会持续恢复，直至恢复原样。还可以在"高级模式"下从图 3-100 上图的模式中选择不同的重建模式。如果单击"恢复全部"按钮，则会撤销所有操作，这相当于按住 Alt 键后单击右上角的"取消"按钮。单击"重建"按钮会弹出"恢复重建"对话框，可以通过滑动滑块或者修改数值决定恢复的程度，如图 3-100 下图所示。

（3）顺时针旋转扭曲工具：将图像呈 S 形扭曲，按住 Alt 键切换为逆时针方向。作用范围以画笔大小为准。在一点上持续按住鼠标左键将加倍效果，如图 3-101 所示。

图 3-100　　　　　图 3-101

（4）褶皱工具：将图像从边缘向中心挤压，通俗地说就是缩小。作用范围以画笔大小为准。在腹部使用此工具，腹部变小，如图 3-102 所示。

（5）膨胀工具：与褶皱工具相反，将图像从中心向四周扩展，通俗地说就是放大。作用范围以画笔大小为准。在胸部、眼睛等部位可以起到变大的作用，如图 3-103 所示。

（6）左推工具：左推工具是将一侧的图像向另一侧移动，也就是将画笔范围内的一侧推向另一侧。鼠标移动的方向决定推移的方向。鼠标从上往下移动时图像从左往右推，鼠标从左往右移动时图像从下往上推。

（7）冻结蒙版工具：如果希望有些区域不受液化工具作用的影响，可使用冻结蒙版工具将其保护起来，如图 3-104 所示。

（8）解冻蒙版工具：其作用是解除冻结蒙版的保护。

图 3-102

项目三　修图工具　075

图 3-103　原图　效果图

图 3-104　没有冻结　添加冻结

液化滤镜典型工作任务
步骤解析

步骤解析：

Step 1：打开 Photoshop，导入素材。执行菜单栏中的"滤镜"|"液化"命令，会弹出"液化"对话框，如图 3-105 所示。

图 3-105

Step 2：对图片中的人物进行简单的瘦身。选择工具栏中的向前变形工具，对人物的腰部、腿部和手臂等需要瘦身的部位进行轻推，来达到瘦身的效果。这里画笔的设置要稍微大一些，如果画笔太小，使用变形工具进行变形时，容易推出"小坑"，使瘦身效果不自然，如图 3-106 所示。在处理腿部和手臂的时候要使用冻结蒙版工具将暂时不需要处理的区域保护起来。

Step 3：在处理右腿的时候选择冻结蒙版工具，在左腿上涂抹冻结蒙版，将其保护起来，如图 3-107 所示。

Step 4：重新选择向前变形工具从右腿的内侧往外推，起到瘦腿效果，如图 3-108 所示。

Step 5：处理完毕后，单击"液化"对话框"蒙版选项"选项组中的"全部反相"按钮，对右腿添加冻结蒙版，将右腿保护起来，如图 3-109 所示。

图 3-106　　图 3-107　　图 3-108

Step 6： 重新选择向前变形工具从左腿的内侧往外推、外侧往里推，起到瘦腿效果。处理完成后单击"液化"对话框"蒙版选项"选项组中的"无"按钮来解冻蒙版，或者选择工具栏中的解冻蒙版工具，对冻结的部位进行涂抹，便可以解除冻结，如图 3-110 所示。

Step 7： 按照同样的方法对模特的腰部、手臂进行处理。选择褶皱工具，处理模特的腹部，达到收腹效果。选择膨胀工具，处理模特的胸部，达到丰胸效果。最后的效果如图 3-111 所示。

图 3-109

图 3-110

图 3-111

第十讲　自由变换

典型工作任务一：调整模特大小

德技并修

【职业能力：解决实际问题的工作能力】

　　在使用自由变换工具进行图片处理和美化时，要灵活应用自由变换工具的各种属性，能根据作图需求完成不同的工作任务，养成解决实际问题的能力。

【职业道德：耐心细致的工作作风】

　　自由变换工具的属性比较多，在使用自由变换工具的时候要搞清楚每个属性的使用方法与应用技巧，养成耐心细致的工作作风。

任务解析：

调整模特到合适的大小，使其在海报中的比例适中。

知识点讲解：

　　自由变换工具是指可以通过自由旋转、比例、倾斜、扭曲、透视和变形工具来变换对象的工具。执行菜单栏中的"编辑"|"自由变换"命令或按快捷键 Ctrl+T，当前图层上的图像周围会出现 8 个控制柄和 1 个旋转中心，这 8

个控制柄中有 4 个角点和 4 个边点。这 8 个控制柄和旋转中心的作用及使用方法和移动工具属性"显示变换控件"一样，这里不再赘述，如图 3-112 所示。

下面重点讲解一下非常规的变换：Ctrl 键控制自由变化；Shift 键控制方向、角度和等比例放大缩小；Alt 键控制中心对称。

1. 按 Ctrl 键

（1）在按 Ctrl 键的同时拖动角点可以作对角为直角的自由四边形，如图 3-113 所示。

往外拖动　　　　往里拖动

图 3-112　　　　　　　　　　　　　　　图 3-113

（2）在按 Ctrl 键的同时拖动边点可以作对边不变的自由平行四边形，如图 3-114 所示。

2. 按 Shift 键

（1）在按 Shift 键的同时拖动角点可等比例放大或缩小图像。

（2）在按 Shift 键的同时旋转图像，旋转的度数以 15°作为增幅进行增加，即旋转的角度只能是 15°的倍数。

3. 按 Alt 键

（1）在按 Alt 键的同时拖动角点可以作中心对称自由矩形，如图 3-115 所示。

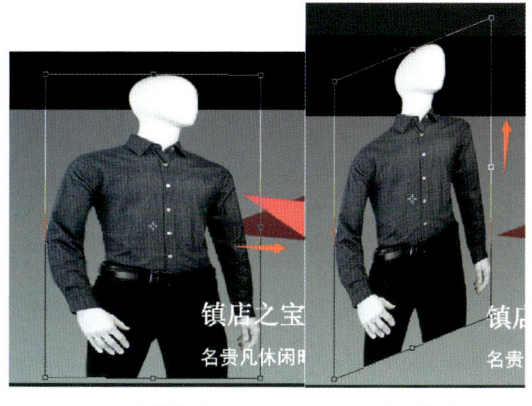

向外拖动　　　　向上拖动　　　　　　　向下拖动　　　　向右拖动

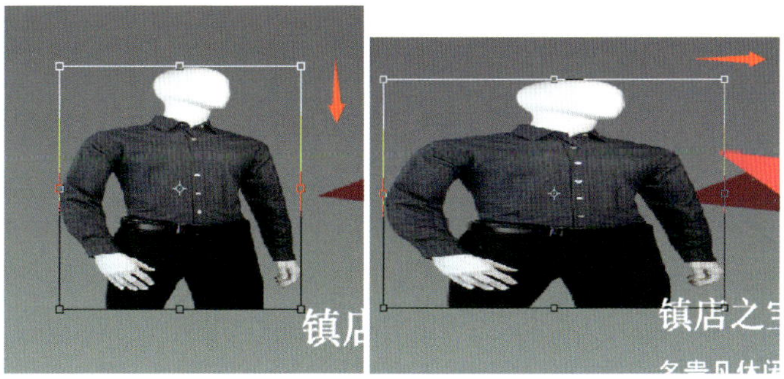

图 3-114　　　　　　　　　　　　　　　图 3-115

（2）在按 Alt 键的同时拖动边点可以作中心对称的等高或等宽自由矩形。

4. 按快捷键 Shift+Ctrl

（1）在按快捷键 Shift+Ctrl 的同时拖动角点可以作对角为直角的直角梯形，如图 3-116 所示。

（2）按快捷键 Shift+Ctrl 的同时拖动边点可以作对边不变的等高或等宽的自由平行四边形。

5. 按快捷键 Alt+Ctrl

（1）在按快捷键 Alt+Ctrl 的同时拖动角点可以作相邻两角位置不变的中心对称自由平行四边形，如图 3-117 所示。

（2）在按快捷键 Alt+Ctrl 的同时拖动边点可以作相邻两边位置不变的中心对称自由平行四边形。

6. 按快捷键 Alt+Shift

（1）在按快捷键 Alt+Shift 的同时拖动角点可以作中心对称的等比例放大或缩小的矩形，如图 3-118 所示。

（2）在按快捷键 Alt+Shift 的同时拖动边点可以作中心对称的等高或等宽自由矩形，如图 3-119 所示。

向左拖动 　　　　　　　　向右拖动 　　　　　　　　向上拖动

向下拖动 　　　　　　　向左下角拖动 　　　　　　向右上角拖动

图 3-116

图 3-117 　　　　　　　　图 3-118 　　　　　　　　图 3-119

7. 按快捷键 Alt+Shift+Ctrl

（1）在按快捷键 Alt+Shift+Ctrl 的同时拖动角点可以作等腰梯形、三角形或相对等腰三角形，如图 3-120 所示。

（2）在按快捷键 Alt+Shift+Ctrl 的同时拖动边点可以作中心对称等高或等宽的自由平行四边形。

| 向右拖动 | 向左拖动 | 向下拖动 | 向上拖动 |

图 3-120

步骤解析：

Step 1：打开 Photoshop，导入素材。选中模特所在的图层为当前图层，按快捷键 Ctrl+T 对模特进行自由变换，如图 3-121 所示。

图 3-121

自由变换典型工作任务一步骤解析

Step 2：按 Shift 键，拖动角点，将模特等比例缩小，并移动至合适的位置，按 Enter 键确认操作，如图 3-122 所示。

图 3-122

典型工作任务二：对模特进行变形处理

任务解析：

对模特进行一些非常规的变形处理，使其有更强的视觉冲击力。

知识点讲解：

斜切工具是指对选区的某个边界进行拉伸和压缩，但作用的方向只能沿着该边界所在的直线。比如，将正方形变成平行四边形就可以使用斜切工具，对正方形的某个边进行拉伸和压缩。

步骤解析：

Step 1：打开 Photoshop，导入素材。选中模特所在的图层作为当前图层，按自由变换快捷键 Ctrl+T，然后在模特上单击鼠标右键，在弹出的快捷菜单中执行"斜切"命令，如图 3-123 所示。

Step 2：在按快捷键 Alt+Shift 的同时拖动边点，得到如图 3-124 所示效果。

图 3-123   图 3-124

典型工作任务三：为计算机制作屏保图案

任务解析：

将平面的鲜花图案置于有透视效果的计算机屏幕中，为计算机制作屏保图案，如图 3-125 所示。

图 3-125

知识点讲解：

扭曲就是将图片进行扭曲变形，使图片按一定形状存在，通俗地讲，就是在现实中将一张纸质照片扭曲。使用时，选择扭曲工具，针对选区的边角，按住鼠标左键并移动鼠标进行选区的适当扭曲。

执行"编辑"|"变换"|"扭曲"命令可以对选区中的图像进行扭曲变形操作。在此情况下图像四周将出现变换控制框，拖动变换控制框中的控制句柄，即可进行扭曲操作。

步骤解析：

Step 1：打开 Photoshop，导入素材。双击鲜花文件背景图层，弹出"新建图层"对话框，单击"确定"按钮对鲜花文件进行解锁，如图 3-126 所示。

Step 2：按 V 键，选择移动工具，在鲜花图片上按下鼠标左键不要松手，拖动到计算机的文件名上，当计算机的文件名亮起来时光标旁边会多一个"+"号，继续拖动鲜花，放到计算机上，完成文件的移动，如图 3-127 所示。

Step 3：按快捷键 Ctrl+T，当鲜花周围出现控制柄的时候，在鲜花上单击鼠标右键，在弹出的快捷菜单中执行"扭曲"命令。移动鲜花，使其中一个角点与显示屏的一角重合，如图 3-128 所示。

Step 4：分别拖动其他 3 个角点到显示屏的其他 3 个角，然后微调每个角点，使之与计算机屏幕的 4 个角重合，然后按 Enter 键确认操作，得到如图 3-129 所示效果。

图 3-126　　　　　　　图 3-127　　　　　　　图 3-128

移动第二个角点　　　移动第三个角点　　　移动第四个角点　　　最终效果

图 3-129

典型工作任务四：为海报添加透视效果的桌面

任务解析：

为海报添加透视效果的桌面，使坚果和形象代言哈哈翁有着力面，如图 3-130 所示。

知识点讲解：

透视工具能够使图像形成近大远小的透视效果。

步骤解析：

Step 1：打开 Photoshop，导入素材。双击地板文件背景图层，弹出"新建图层"对话框，单击"确定"按钮对地板文件进行解锁，如图 3-131 所示。

图 3-130

Step 2：按 V 键，选择移动工具，在地板文件上按下鼠标左键不要松手，拖动到海报的文件名上，当海报的文件名亮起来时光标旁边会多一个"+"号，继续拖动地板，放到海报上，完成文件的移动，如图 3-132 所示。

Step 3： 我们发现木板的宽度不够，所以要复制一个木板副本出来。使木板处于当前图层，按下快捷键 Ctrl+J 复制当前图层，将两个图层的木板拼接起来，会发现拼接处拼接痕迹比较明显，很不自然，如图 3-133 所示。

Step 4： 选中木板副本，按下自由变换快捷键 Ctrl+T，单击鼠标右键，在弹出的快捷菜单中执行"水平翻转"命令，对木板进行水平翻转，使左右两块木板对称，这样在进行拼接的时候就会比较自然，如图 3-134 所示。

Step 5： 移动木板位置，使之自然地拼接到一块。同时选中两个木板所在的图层，然后单击鼠标右键，在弹出的快捷菜单中执行"合并图层"命令，使两个木板图层合并到一起，效果如图 3-135 所示。

Step 6： 按下自由变换快捷键 Ctrl+T，然后单击鼠标右键，在弹出的快捷菜单中执行"透视"命令，如图 3-136 所示。

Step 7： 调节角点，使木板具有透视效果，调整完成后按 Enter 键确认操作。然后调整图层的顺序，完成海报制作，如图 3-137 所示。

图 3-131

图 3-132

图 3-133

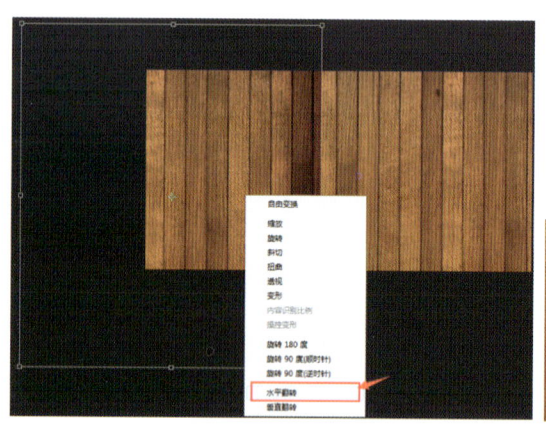

图 3-134

图 3-135

图 3-136

图 3-137

典型工作任务五：将平面的蝴蝶变成立体的蝴蝶

任务解析：

在海报制作时，我们经常会找一些鲜花、蝴蝶、小鸟等元素做点缀，如果直接用平面的元素会很不自然，很容易看出合成痕迹，因此需要将这些元素处理成立体的，以增加画面的真实感。

知识点讲解：

选择变形工具后，选区表面即被分割成 9 块长方形，每个交点即作用点，针对某个作用点按住鼠标左键并移动光标即可以对选区进行适当的变形。

步骤解析：

Step 1：打开 Photoshop，导入素材。用魔棒工具抠掉蝴蝶的背景，按下自由变换快捷键 Ctrl+T，单击鼠标右键，在弹出的快捷菜单中执行"变形"命令，会出现如图 3-138 所示的控制柄，每个角点有 2 条控制线。

Step 2：移动右上角的角点，如图 3-139 所示。

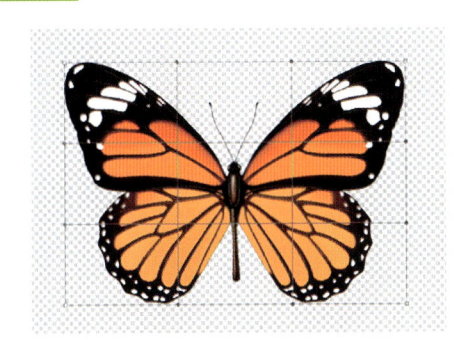

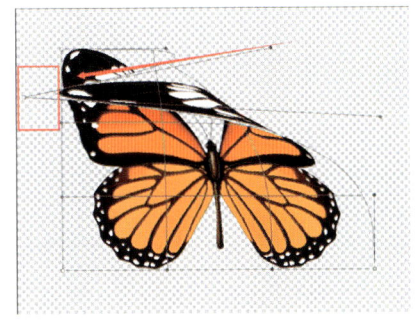

图 3-138　　　　图 3-139

Step 3：调节右上角角点的控制线，如图 3-140 所示。

Step 4：移动右下角的角点，如图 3-141 所示。

Step 5：调节右下角角点的控制线，如图 3-142 所示。

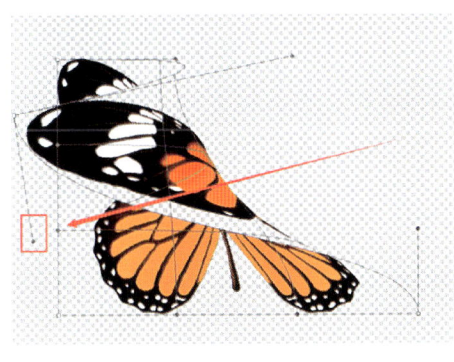

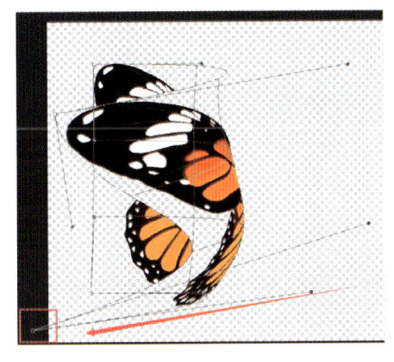

图 3-140　　　　图 3-141　　　　图 3-142

Step 6：移动左下角的角点，如图 3-143 所示。

Step 7：调节左下角角点的控制线，调节左上角的角点，如图 3-144 所示。

Step 8：按 Enter 键确认操作，如图 3-145 所示。

Step 9：将蝴蝶移动到鲜花文件里，按下自由变换快捷键 Ctrl+T，调整蝴蝶的大小、位置，进行相应的旋转，得到如图 3-146 所示的效果。

Step 10：按照不同的方式移动角点和控制线，会得到不同的效果，为了增加对比，拖入一个没有变形的蝴蝶到鲜花文件中，我们会发现经过变形的两只蝴蝶更加生动，如图 3-147 所示。

图 3-143 　　　　　　　　　　图 3-144 　　　　　　　　　　图 3-145

图 3-146 　　　　　　　　　　　　　　　图 3-147

典型工作任务六：修复变形的衣服

任务解析：

由于产品本身或摄影师拍摄水平、拍摄角度的问题，会造成一些拍摄的商品图片效果不是很好，因此需要进行后期处理，这里需要我们对 T 恤图片进行修复。

步骤解析：

Step 1：打开 Photoshop，导入素材。按下自由变换快捷键 Ctrl+T，先进行旋转，将衣服进行调整，然后单击鼠标右键，在弹出的快捷菜单中执行"变形"命令，如图 3-148 所示。

图 3-148

Step 2：将光标放到衣服的左上角进行拖曳，并调节控制线，得到如图 3-149 所示效果，调整好之后，按 Enter 键确认操作。

Step 3：利用裁剪工具裁剪多余的部分，如图 3-150（a）所示，最后呈现的效果如图 3-150（b）所示。

项目三 修图工具 085

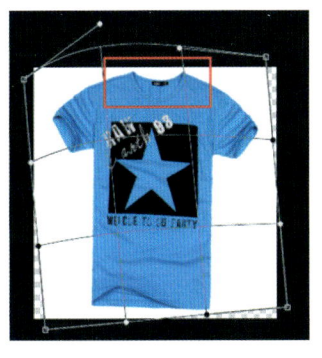

图 3-149

图 3-150

第十一讲　"变换"|"再次"

典型工作任务：为海报添加圆点营造气氛

德技并修

【职业能力：解决实际问题的工作能力】

在使用"变换"|"再次"工具进行图片设计时，要灵活应用"变换"|"再次"的属性，能根据图片需求设计不同的特效，养成解决实际问题的工作能力。

任务解析：

这个任务需要绘制一圈大小相同、颜色相同、间隔相同的规律排列的圆，在美工工作中经常会遇到类似的工作任务，需要做一些规律变化，这就需要利用 Photoshop 里的"变换"|"再次"工具，如图 3-151 和图 3-152 所示。

图 3-151

图 3-152

知识点讲解：

"变换"|"再次"的快捷键是 Shift+Ctrl+T。

首先要分析一下什么是"变换"|"再次"，再次就是再一次的意思，言外之意不是第一次，而是再一次重复前面的操作，那么前面的操作是什么呢？"变换"|"再次"，再一次的变换，所以前面的动作是"变换"。如图 3-153 所示，"变换"|"再次"是灰色的，不可用的，为什么呢？因为还没有做"变换"，所以就没法"再次"。这说明"变换"|"再次"前要先进行缩放、旋转等"变换"操作，才能进行"再次"操作。

要谨记，"变换"|"再次"前面的动作只能是"自由变换"选项单击右键里的缩放、旋转等"变换"操作或者"编辑"|"变换"后面的缩放、旋转等"变换"操作。哪怕是简单的位置移动，也不能用移动工具，因为如果用移动工

具移动位置，执行的不是"变换"动作，后面将无法使用"变换"|"再次"命令重复前面的移动动作。如果用自由变换的移动功能进行位置移动，"变换"|"再次"命令将被激活，可以重复前面的位置移动命令。

1. 缩小 + 移动

微案例：制作一排鸭子在水中游的效果，每只鸭子之间的间距相等，等比例缩小，形成近大远小的透视效果。

（1）将鸭子抠出移动到"小河"文件里，修改鸭子所在的图层名字为"鸭子"，调节鸭子的大小和位置，如图 3-154 所示。

（2）按快捷键 Ctrl+J 复制鸭子图层，得到"鸭子副本"，即第二只鸭子。接下来对第二只鸭子进行移动和缩小"变换"。按快捷键 Ctrl+T 执行"自由变换"命令，当把光标放到变换框里时，光标会变成黑色三角形，这时候具备了移动工具的功能，然后将鸭子往后移动一些。这里要注意，千万不要用移动工具移动鸭子，否则无法执行"变换"|"再次"命令。接着按住 Shift 键拖动角点，对鸭子进行等比例缩小，调节完成后按 Enter 键确认操作。到了这里就做完了"变换"的全部动作——移动和缩小，如图 3-155 所示。

图 3-153 　　　　　　　　　　　　　　　　图 3-154

复制鸭子 　　　　　　　　　　自由变换

移动鸭子 　　　　　　　　　　等比例缩小鸭子

图 3-155

（3）执行"编辑"|"变换"|"再次"命令，可以发现这个命令确实复制了前面的"变换"动作——移动和缩小，第二只鸭子往后移动并缩小了，如图 3-156 所示。但这不是我们想要的结果，我们希望第二只鸭子不动，出现的第三只鸭子往后移动并缩小。前面介绍移动工具的时候讲过，在同一个文件之内移动并复制一

个元素，需要在移动时按住 Alt 键。所以在进行再次"变换"的时候不妨加一个键，这样，"变换"|"再次"的快捷键就变成了 Alt+Shift+Ctrl+T。

图 3-156

（4）按快捷键 Ctrl+Z 撤销前面错误的"变换"|"再次"操作，同时按快捷键 Alt+Shift+Ctrl+T，就能得到我们想要的结果，每按一下快捷键，就会多出一只鸭子，并且往后等距移动并等比例缩小，如图 3-157 所示。

按一次快捷键　　　　　　　按两次快捷键　　　　　　　按三次快捷键

图 3-157

2. 旋转 + 缩小

微案例：利用花瓣做一个等比例旋转和缩小的特效。

（1）利用快速选择工具抠出花瓣，并将其移动到新建的图层上，调节好大小和位置，如图 3-158 所示。

（2）按快捷键 Ctrl+J 复制第二片花瓣，按快捷键 Ctrl+T 对第二片花瓣进行"变换"操作，第一步先移动花瓣的旋转中心到框外面，然后对花瓣进行旋转，最后按住 Shift 键对花瓣进行等比例缩小。按 Enter 键确认操作，完成对花瓣的"变换"操作——旋转和缩小，如图 3-159 所示。

（3）同时按快捷键 Alt+Shift+Ctrl+T 进行"变换"|"再次"，多次按下后，得到如图 3-160 所示效果。

图 3-158

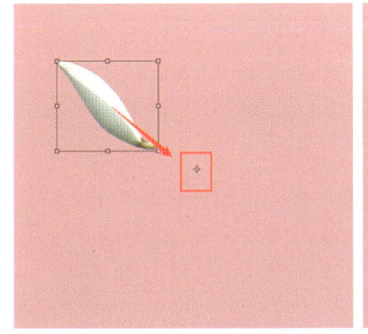

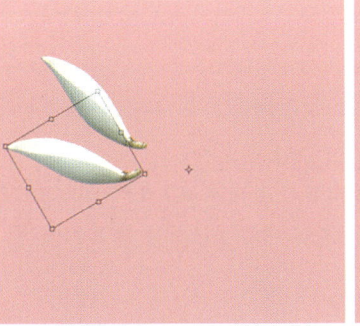

移动旋转中心　　　　　　　进行旋转　　　　　　　等比例缩小

图 3-159　　　　　　　　　　　　　　　　　　　　　　　图 3-160

步骤解析：

Step 1：选择矩形选框工具，按 Shift 键创建一个浅蓝色的小圆，如果想有立体效果可以添加投影，如图 3-161 所示。

Step 2：按快捷键 Ctrl+J 复制第二个小圆，按快捷键 Ctrl+T 对第二个小圆进行"变换"操作。首先移动小圆的旋转中心到大圆的圆心，然后对小圆进行旋转，最后按 Enter 键确认操作，完成对小圆的"变换"操作——旋转，如图 3-162 所示。

Step 3：同时按下快捷键 Alt+Shift+Ctrl+T 进行再次"变换"，多次按下后，得到如图 3-163 所示效果。

Step 4：完成企业元素的设计，得到如图 3-164 所示海报。

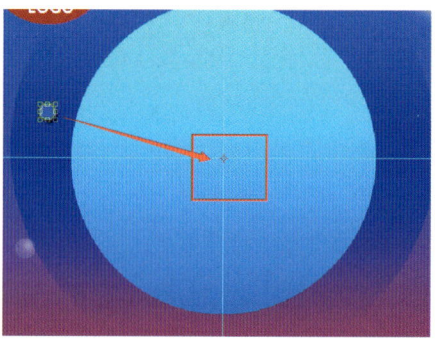

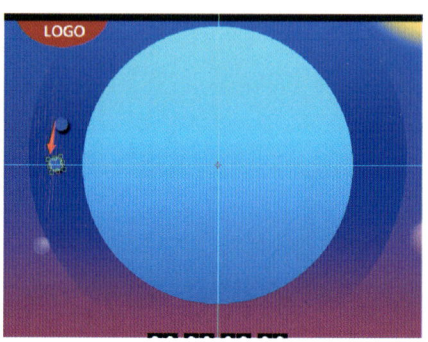

图 3-161

图 3-162

图 3-163

图 3-164

第十二讲　渐变工具

典型工作任务一：制作渐变文字

德技并修

【职业能力：积极创造的创新创意能力、滋润身心的审美素养】

在使用渐变工具进行图片设计时，要灵活应用"渐变工具"的属性，能根据需求灵活设计出不同的渐变特效，提高图片的视觉效果，从而养成积极思考、积极创造的创新创意能力，并提高审美素养。

【职业道德：耐心细致的工作作风】

渐变工具的属性比较多，在使用渐变工具的时候要搞清楚每个属性的使用方法和应用技巧，养成耐心细致的工作作风。

任务解析：

制作详情页售后服务模块中的渐变文字。

知识点讲解：

使用渐变工具可以创建多种颜色之间的逐渐混合，这种混合模式可以是从前景色到背景色的过渡，可以是前景色与透明背景之间的相互过渡，也可以是任意喜欢颜色之间的过渡。渐变工具的使用方法很简单，在需要做渐变的区域单击然后拉一条线就可以了，Photoshop 会自动根据设置添加渐变，因此使用渐变工具的关键在于渐变工具相关参数的设置。渐变工具选项栏如图 3-165 所示。

图 3-165

（1）渐变下拉列表框：在此下拉列表框中显示渐变颜色的预览效果图。单击其右侧的倒三角形按钮，可以打开渐变的下拉面板，从中可以选择一种渐变颜色进行填充。将鼠标指针移动到渐变下拉面板的渐变颜色上，会提示该渐变的颜色名称。

（2）渐变类型：选择渐变工具后会有 5 种渐变类型供选择，分别是"线性渐变""径向渐变""角度渐变""对称渐变"和"菱形渐变"。这 5 种渐变类型可以完成 5 种不同效果的渐变填充效果，其中默认的是"线性渐变"。5 种不同的渐变效果如图 3-166 所示。

（3）模式：选择渐变的混合模式。

（4）不透明度：添加渐变的不透明度。

（5）反向：勾选该复选框后，填充后的渐变颜色刚好与用户设置的渐变颜色相反。

图 3-166

（6）仿色：勾选该复选框后，可以用递色法来表现中间色调，使渐变效果更加平衡。

（7）透明区域：勾选该复选框后，将打开透明蒙版功能，使渐变填充可以应用透明设置。

单击工具选项栏上的渐变条，可以打开"渐变编辑器"对话框，如图 3-167 所示。

（1）预设：系统保存的已经预设好的渐变方案。

（2）名称：每个渐变的名称，可以在此处为自己要添加的渐变方案起名。

（3）新建：如果对系统里预设的渐变方案不满意，可以自己设计渐变方案，设计好之后，在"名称"中起一个名字，单击"新建"按钮可以将自己设计的渐变方案保存到"预设"中，方便以后使用。

（4）设置颜色：在渐变颜色条上单击"色标"按钮，激活选项组中的"颜色"下拉列表，单击颜色框，即会弹出"拾色器（色标颜色）"对话框，其实直接在渐变条上双击"色标"按钮也可以弹出"拾色器（色标颜色）"对话框，在弹出的"拾色器（色标颜色）"对话框里设置颜色，如图 3-168 所示。

（5）添加色标：如果想给渐变颜色指定多种颜色，首先把鼠标指标移动到渐变颜色条下方，当出现一个"小手"形状时单击，渐变颜色条的下方便会多出色标，然后按照上面的方法设置色标的颜色即可。

（6）删除色标：选中多余的色标后，单击"位置"文本框的"删除"按钮，或者直接将渐变色标拖出渐变颜色条即可删除多余的色标。

（7）设置色标位置：设置好每个色标的颜色之后，还要指定每个色标在渐变颜色条上的位置以及两种颜色之间的中点位置，这样整个渐变颜色编辑才算完成。

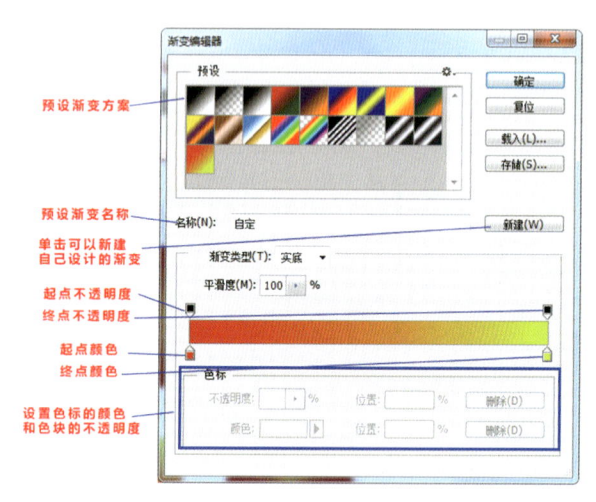

图 3-167　　　　　　　　　　　　　　　　　　　图 3-168

设置渐变位置的方法：

①选择渐变色标，然后单击并拖动。

②选择渐变颜色标志，然后在"位置"文本框中输入一个值，就是位置。

③如果要设置两种颜色之间的中点位置，则可以在渐变颜色条上选择中点色标，并拖动鼠标指针。

（8）设置色块不透明度：设置完色标颜色之后，如果有需求，还可以设置色块的不透明度。选中不透明度色标，分别在色标区域中的"不透明度"和"位置"文本框中设置不透明度和位置，还可以调整这两个不透明度色标之间的中点位置。除此之外，我们还可以根据需求添加和删除不透明度色标，其方法和添加、删除颜色色标相同。

步骤解析：

Step 1：选择横排文字工具，输入"30天内无理由退换货"，设置文字的字体、字号、位置，如图3-169所示。

Step 2：对文字进行渐变。

方法1：设置渐变效果，选择渐变预设里的"橙、黄、橙渐变"，选择"线性渐变"选项，如图3-170（a）所示。按下Ctrl键单击"30天内无理由退换货"文字图层的缩略图，对文字创建选区，如图3-170（b）所示。不能直接在文字图层上添加渐变，所以需要在文字图层上方新建一个普通图层，如图3-170（c）所示，然后选择渐变工具在文字上从左往右拉出一条渐变，效果如图3-171所示。

方法2：设置渐变效果，选择渐变预设里面的"橙、黄、橙渐变"，选择"线性渐变"选项。按Ctrl键单击"30天内无理由退换货"文字图层的缩略图，对文字创建选区。选中文字图层，单击鼠标右键并在弹出的快捷菜单中执行"栅格化文字"命令将文字栅格化，文字图层的特殊标志"T"消失，文字图层变成了普通图层，如图3-172所示，选择渐变工具在文字上从左往右拉出一条渐变，效果如图3-171所示。

方法3：选中文字图层，单击"图层"面板下方的"添加图层样式"按钮，选择"渐变叠加"选项，在弹出的"图层样式"对话框中设置渐变效果，选择

图 3-169

渐变预设里面的"橙、黄，橙渐变"，选择"线性渐变"选项。设置完成后单击"确定"按钮即可，如图3-173所示。

  细心的读者会发现这三种方法涉及的知识点有所不同，这个案例告诉大家在Photoshop里，千万不要被自己的固有思维限制，一定要多动脑，多思考，遇到问题的时候不要急于下手，要先思考，然后用最简单的方法、最好用的工具解决问题。

（a） （b） （c）

图 3-170

图 3-171

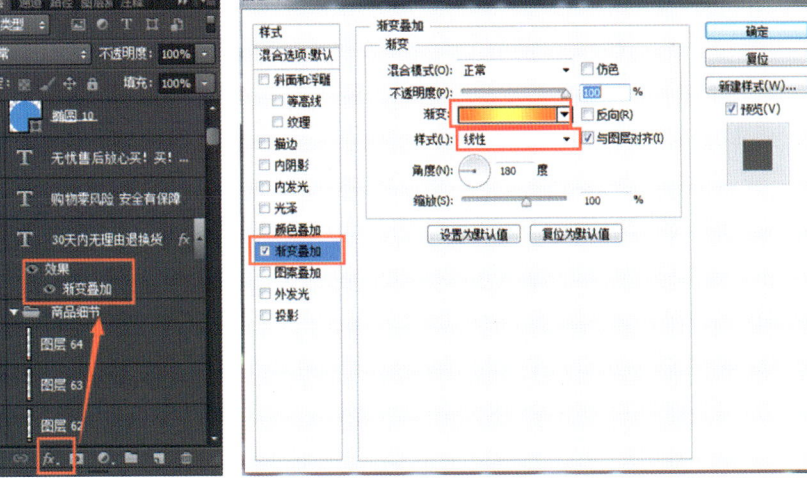

图 3-172 图 3-173

典型工作任务二：为产品制作高光效果

任务解析：

为手机图片制作高光效果。

步骤解析：

Step 1：打开 Photoshop，导入图 3-174 所示图片素材。因为左上角已经做了高光效果，所以接下来在右下角做一个类似的高光效果。选择钢笔工具创建如图 3-175 所示的选区。

Step 2：将前景色设置成白色，选择"前景色到透明渐变"|"线性渐变"选项，如图 3-176 所示。

Step 3：单击颜色条，激活"渐变编辑器"，设置起点色块的不透明度为 60%，位置为 0%，终点色块的不透明度为 0%，位置为 85%，如图 3-177 所示。

Step 4：在选区内从右下角向左上角拉渐变，效果如图 3-178 所示。

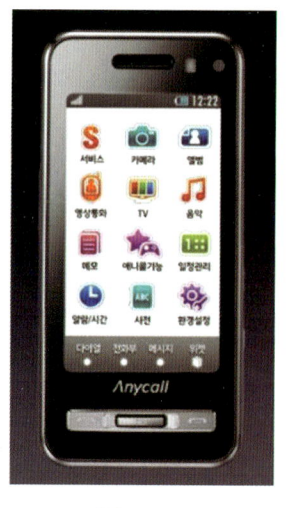

图 3-174 　　图 3-175

图 3-176  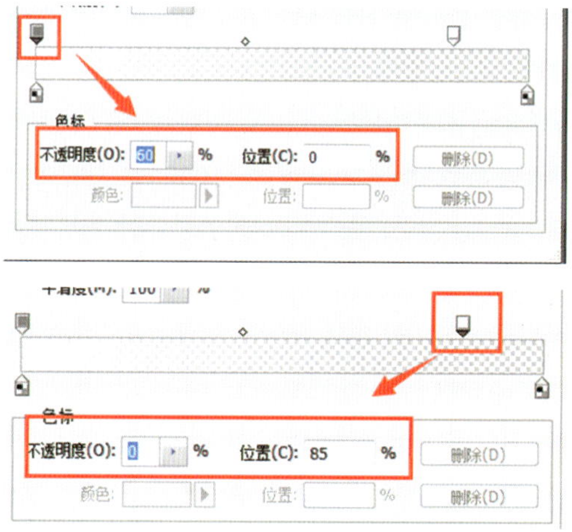　　图 3-177 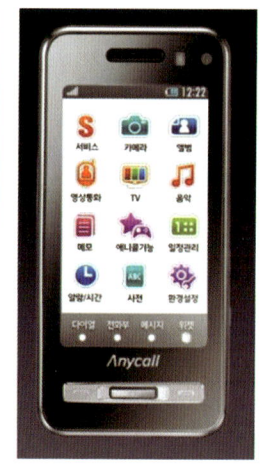　　图 3-178

PROJECT FOUR

项目四 工具综合应用

◆知识目标
1. 熟练地掌握各种工具的属性；
2. 熟练地掌握各种工具的适用范围；
3. 熟练地掌握各种工具的使用方法与技巧。

◆能力目标
1. 能够熟练地使用 Photoshop 软件的常用工具；
2. 能够综合地使用 Photoshop 软件的各种工具进行图片合成；
3. 能够综合地使用 Photoshop 软件的各种工具进行图形设计。

◆素质目标
1. 树立认真的工作作风、一丝不苟的做事态度；
2. 培养审美素养；
3. 培养诚实守信的职业道德；
4. 培养精益求精的工匠精神；
5. 树立文化自信，培养民族情和爱国情；
6. 培养独立思考、综合利用所学工具解决美工岗位实际问题的能力。

　　本项目的实训任务都是综合实训，考查的知识点比较综合，不仅考查了大家对工具的综合应用，还考查了大家分析问题、解决问题的能力，是对大家前期学习情况的一个很好的检测，建议大家在做任务之前，不要看步骤解析，尝试着独立完成实训。先分析提供的素材和 JPG 格式的效果图，根据任务解析部分的"考查的知识点"里的提示，分析做出效果图要用到哪些工具、哪些属性，尝试着去做，做完之后再看步骤解析，看看哪些效果没有做出来，然后分析原因，找到原因后查漏补缺，完善实训任务，从而提高自己解决实际问题的能力。

德技并修

【职业道德：诚实守信的商道原则】&【职业能力：滋润身心的审美素养】

综合应用所学工具进行商品图片处理的目的是更好地展示产品本身的特性，不能为了追求较好的视觉效果过分处理和美化商品图片，也不能过分夸大产品本身的特性，因此在提高审美素养的同时，还要坚守诚实守信的商道原则。

【职业能力：积极创造的创新创意能力】

综合应用所学工具灵活处理商品图片、设计活动海报等，从而养成积极思考、积极创造的创新创意能力。

【职业能力：敏锐的思辨能力】

在进行商品图片处理和图片设计时，同一种效果可以通过不同的工具和方法来实现，在作图之前应认真分析每种工具的特点与优势，并能选择一种最便捷、效果最好的工具进行处理，从而养成敏锐的思辨能力。

【爱国情：中国传统文化的文化自信】

在海报设计时，通过应用中国重大节日喜用的红黄色调，展示中国的传统风俗、传统文化，从而树立文化自信，培养民族情与爱国情。

典型工作任务一：处理手表表带

任务解析：

由于拍摄原因，表带内侧的纹理不清晰，如图 4-1 所示，现在需要将问题手表的表带处理成如图 4-2 所示效果。

本任务考查的知识点包括钢笔工具抠图、自由变换、剪贴蒙版、图像调色。

步骤解析：

Step 1： 用钢笔工具将问题手表的表带抠出来，用钢笔工具建立好路径之后，单击鼠标右键，在弹出的快捷菜单中执行"建立选区"命令，羽化 0.5 像素。新建一个图层，为刚才新建的选区填充一个颜色，这里填充什么颜色无所谓，因为我们只是要选区的形状，如图 4-3 所示。

Step 2： 找一张拍摄效果好的图片，用钢笔工具将表带抠出来。先用钢笔工具建立路径，然后单击鼠标右键，在弹出的快捷菜单中执行"建立选区"命令，羽化 0.5 像素。选择移动工具，将抠下来的表带移动到纹理不清晰的图中，如图 4-4 所示。

Step 3： 按自由变换快捷键 Ctrl+T，调节表带的大小和位置，大小稍微比问题表带大一些，如图 4-5 所示。

Step 4： 按快捷键 Alt+Ctrl+G 做剪贴蒙版，效果非常好，只是表带的颜色稍微有点深，如图 4-6 所示。

Step 5： 添加一个色阶调整图层，将灰色滑块向左调节，得到如图 4-7 所示效果，非常完美。

图 4-5 　　　　　　　　图 4-6 　　　　　　　　图 4-7

典型工作任务二：为女裤店处理模特图

任务解析：

处理图 4-8 中的地板和模特，并进行色彩调整，得到如图 4-9 所示效果。

本任务考查的知识点包括缩放图像、内容识别比例、矩形选框工具、自由变换、钢笔工具抠图、图层解锁、新建图层、拷贝图层、图层顺序、液化滤镜、调整图层等。

步骤解析：

Step 1：打开 Photoshop，导入素材，如图 4-10 所示。双击背景图层，对图层进行解锁。然后执行菜单栏中的"编辑"|"内容识别比例"命令，从图片下方对模特的腿部进行拉伸。

图 4-8 　　　　　　　　图 4-9 　　　　　　　　图 4-10

Step 2：按 Alt 键向上滚动鼠标滚轴放大图像，选择矩形选框工具，选择一块比较好的木地板，按快捷键 Ctrl+J 复制选区内的内容，重命名图层为"补丁"，如图 4-11 所示。

Step 3：将"补丁"图层移动到需要修补的地方，按自由变换快捷键 Ctrl+T 对"补丁"图层进行自由变换，如图 4-12 所示。

Step 4：横向拖动"补丁"图层，使其盖住有问题的木板，按 Enter 键提交自由变换操作，如图 4-13 所示。

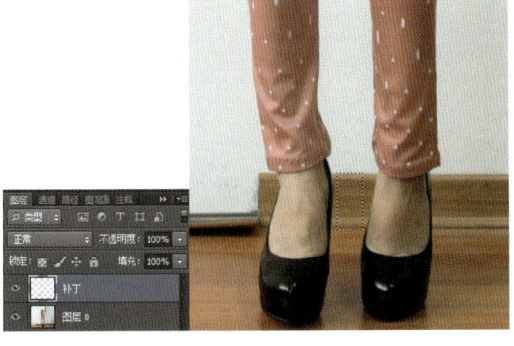

图 4-11 　　　　　　　　图 4-12 　　　　　　　　图 4-13

Step 5：单击"补丁"图层的眼睛图标，隐藏"补丁"图层。按 Alt 键向上滚动鼠标滚轴放大图像，选择钢笔工具，在模特的脚上做选区，如图 4-14 所示。

Step 6：单击"补丁"图层的眼睛图标，显示"补丁"图层。单击"补丁"图层，使其处于活动图层，如图 4-15 所示。

Step 7：按 Delete 键，删除盖住脚的地板，如图 4-16 所示。按取消选择快捷键 Ctrl+D 取消选区，得到如图 4-17 所示效果。分析发现 Step 5 在脚上做选区的目的不是处理脚的问题，只是想通过脚上的选区得到盖住脚的木板，进而删掉这块木板，使脚露出来，这种处理思路在美工设计中很常见，这也要求大家处理问题时要有大局观。

Step 8：接下来处理木板下面一条黑色的阴影问题。选择模特所在的图层为活动图层，选择仿制图章工具，将硬度设置为 50%，按 Alt 键，在红色圆圈附近定义"源"，在阴影上进行涂抹，得到如图 4-18 所示效果。

Step 9：对模特的腿部进行液化处理。执行菜单栏中的"滤镜"|"液化"命令，对模特的腿部进行瘦身效果处理，如图 4-19 所示。

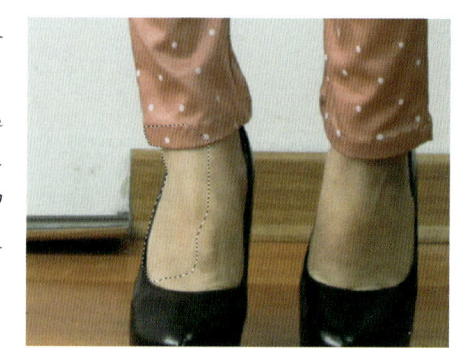

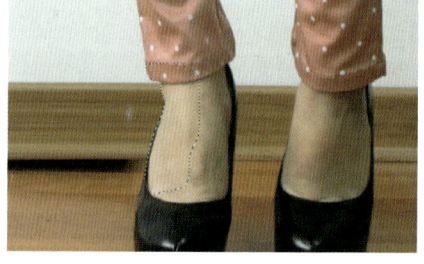

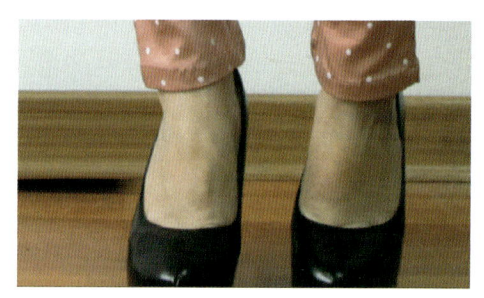

图 4-14

图 4-15　　　　图 4-16　　　　图 4-17

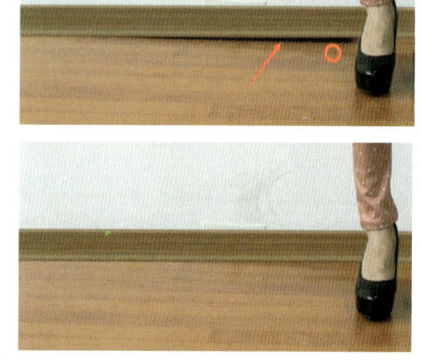

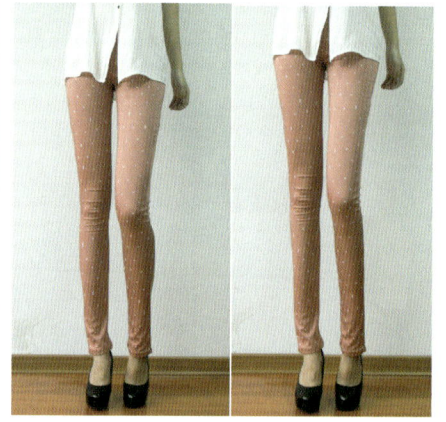

图 4-18　　　　图 4-19

Step 10：接下来对图像进行调色。添加"亮度/对比度"调整图层，设置亮度为"40"、对比度为"27"，效果如图 4-20 所示。

Step 11：添加"色彩平衡"调整图层，稍微加点黄色和红色，使画面变成暖色调，如图 4-21 所示。

项目四　工具综合应用　097

图 4-20

图 4-21

典型工作任务三：设计平板电脑海报

任务解析：

为 iPad 平板电脑设计一张海报，在做任务之前先观察素材和 JPG 格式效果图，分析海报都用到了哪些工具、哪些属性，做了哪些效果。不要直接看步骤解析，先尝试独立完成，实在做不出来了再看步骤解析，并分析自己没有做出来的原因。

本任务考查的知识点包括：渲染滤镜——云彩、镜头光晕；自由变换；图层样式——投影；图层蒙版；剪贴蒙版；钢笔工具抠图；多边形套索工具抠图；画笔工具；图层混合模式——滤色、正片叠底。

步骤解析：

Step 1： 打开 Photoshop，新建一个 800 像素 ×800 像素的文件。

Step 2： 新建一个命名为"云彩"的透明图层，将前景色和背景色分别设置为"浅蓝色"和"白色"，执行菜单栏中的"滤镜"|"渲染"|"云彩"命令，得到如图 4-22 所示效果。

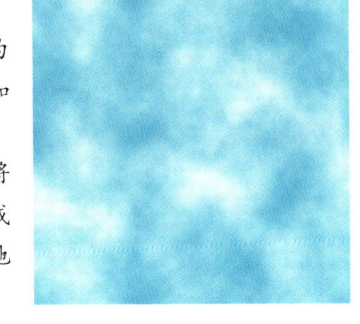

Step 3： 选择画笔工具，执行"画笔预设"|"设置"|"载入画笔"命令，将"云彩画笔"加载到画笔笔触，选择如图 4-23 左图所示的笔触，将前景色设置成白色，在"云彩"图层上单击添加云彩，可以选择不同的"云彩"笔触在不同的地方添加云彩，使云彩图层具有立体效果，如图 4-23 右图所示。

Step 4： 单击"图层"面板上的"添加矢量蒙版"按钮。选择渐变工具，设置从深灰到白色的渐变方案，选择"线性渐变"，在"云彩"蒙版图层上拉渐变，得到如图 4-24 所示效果。

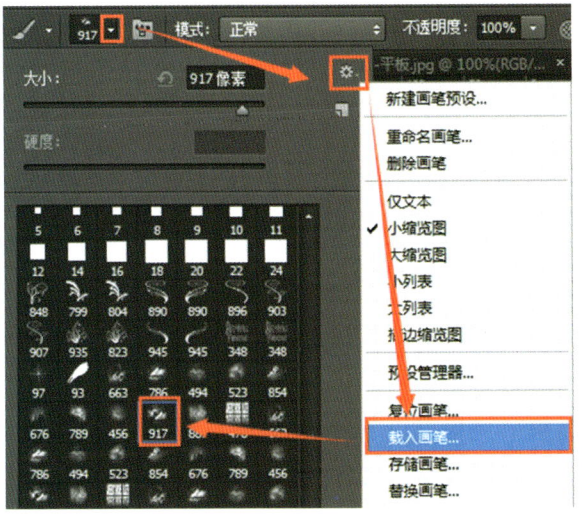

图 4-22

图 4-23

图 4-24

Step 5：选择钢笔工具，将素材"平板"中的平板电脑抠取出来，羽化1像素，拖到海报中。按自由变换快捷键Ctrl+T，对平板电脑进行缩小、透视，并调节位置，得到如图4-25所示效果。

Step 6：单击"图层"面板下方的"添加图层样式（fx）"按钮，勾选"投影"复选框，为平板电脑增加立体感，设置的参数如图4-26左图所示，得到图4-26右图所示效果。

图4-25　　　　　　　　　　　　　　图4-26

Step 7：用多边形套索工具将平板电脑的显示屏抠取出来，按快捷键Ctrl+C复制显示屏，按快捷键Ctrl+V粘贴显示屏并新建一个图层，重新命名为"显示屏"。

Step 8：将素材"山水照片"移动到海报文件中，并置于"显示屏"图层上方，如图4-27所示。

Step 9：选中"山水素材"图层作为当前图层，按快捷键Alt+Ctrl+G创建剪贴蒙版，得到如图4-28所示效果。

Step 10：按快捷键Ctrl+J复制"山水素材"，得到"山水素材副本"图层，按快捷键Alt+Ctrl+G解除剪贴蒙版，单击"图层"面板下方的"添加图层蒙版"按钮，设置前景色为黑色，用黑色的画笔在"山水素材副本"的图层蒙版上进行涂抹，使平板电脑的屏幕出现立体山水画效果，如图4-29所示。

Step 11：用钢笔工具在平板电脑的边缘勾画一些不规则形状，填充比平板电脑浅一些的灰色，然后添加图层样式"斜面与浮雕"，得到如图4-30所示水滴效果。

图4-27

图4-28　　　　　　　　　图4-29　　　　　　　　　图4-30

Step 12：将素材"大树"移动到海报文件里，调节大树的位置，单击"图层"面板下方的"添加图层蒙版"按钮，设置前景色为黑色，用黑色的柔边画笔在大树和山水画的交界处涂抹，使两者能够自然地融合到一起。观察发现大树挡住了很多云彩，设置前景色为白色，选择"云彩"笔触，再添加一些云彩，得到如图4-31所示效果。

Step 13：双击素材"蜂鸟"的背景图层进行解锁，选择魔棒工具，在白色背景上单击选中白色背景，按Delete键删除白色的背景，按快捷键Ctrl+D取消选区，完成对蜂鸟的抠图。选择移动工具，将蜂鸟移动到海报中，如图4-32所示。

Step 14：按自由变换快捷键Ctrl+T对蜂鸟进行大小、位置、角度的变换，得到如图4-33所示效果。

图4-31　　　　　　　　　图4-32　　　　　　　　　图4-33

Step 15：新建一个图层命名为"光晕"，填充黑色，执行菜单栏中的"滤镜"|"渲染"|"镜头光晕"命令，具体参数如图4-34左图所示，得到图4-34右图所示效果。

Step 16：将"光晕"图层的混合模式改为"滤色"，得到如图4-35所示效果。

图4-34　　　　　　　　　　　　　　　　图4-35

Step 17：将素材Logo中的Logo移动到海报中，放到右下角，将图层混合模式改为"正片叠底"，得到如图4-36所示效果。

Step 18：在按Ctrl键的同时选中"山水素材副本"和"大树"图层，按键盘上↑键往上轻移，使立体效果更加明显，得到如图4-37所示效果。

Step 19：整体效果微调。调节投影的距离、镜头光晕的大小和位置、蜂鸟的位置、Logo的位置，最后效果如图4-38所示。

图 4-36 　　　　　　　　　　图 4-37 　　　　　　　　　　图 4-38

典型工作任务四：设计女包活动海报

任务解析：

为一家新开业的店铺设计一张活动海报，在做任务之前先观察素材和 JPG 格式效果图，分析海报都用到了哪些工具、哪些属性，做了哪些效果。不要直接看步骤解析，先尝试独立完成，实在做不出来了再看步骤解析，并分析自己没有做出来的原因，参考效果如图 4-39 所示。

本任务考查的知识点包括：新建文件、新建图层、复制图层、图层顺序等；椭圆选框工具；图层样式，投影、渐变叠加、描边；选择性粘贴——贴入 / 剪贴蒙版；自定义形状工具；钢笔工具；自由变换；画笔工具。

步骤解析：

Step 1： 新建一个 980 像素 ×400 像素的文件，填充黄色作为背景，如图 4-40 所示。

Step 2： 新建一个空白图层，分别添加一条横、竖参考线，使两者的交点在中间偏上的位置。选择椭圆选框工具，以参考线的交点为起点画圆的同时按快捷键 Alt+Shift，得到以参考线的交点为圆心的正圆，填充白色，如图 4-41 所示。

图 4-39

图 4-40 　　　　　　　　　　图 4-41

Step 3： 按照同样的方法创建一个小一点的同心圆，填充棕色，如图 4-42 所示。

Step 4： 按照同样的方法再创建一个小一点的同心圆，选择渐变工具，设置颜色的渐变方案为浅红到深红，选择"径向渐变"，以圆心为起点向外拉渐变，得到从浅红到深红的渐变，如图 4-43 所示。

Step 5： 为白色的圆添加"投影"图层样式，调整投影角度为 90°，如图 4-44 所示。

Step 6： 新建图层，选择矩形选框工具，创建左边的小圆。添加从白到黄的线性渐变，然后添加"投影"图层样式，调整投影角度为 90°，如图 4-45 所示。

图 4-42　　　　　　　　　　　　　　图 4-43

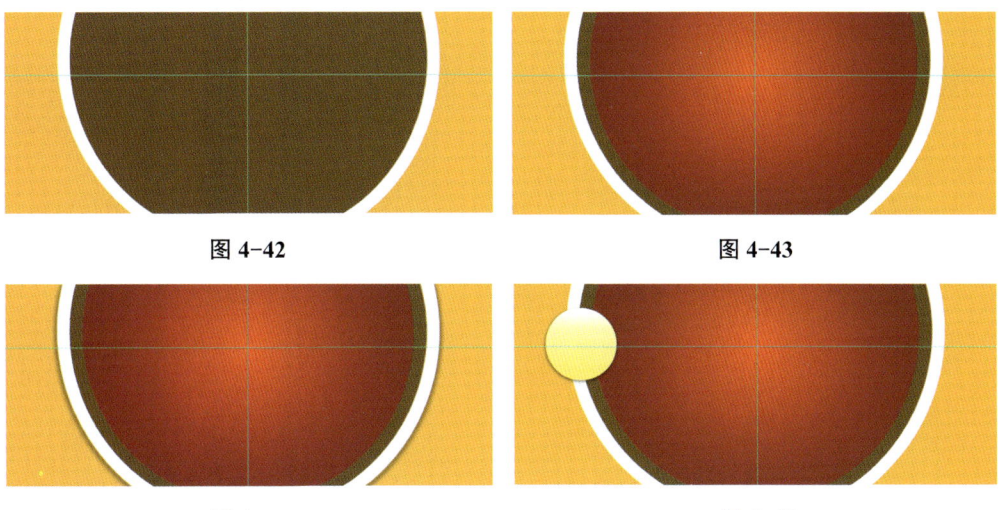

图 4-44　　　　　　　　　　　　　　图 4-45

Step 7：按 Ctrl 键单击小圆的缩略图，建立选取。执行菜单栏中的"选择"|"修改"|"收缩"命令，在弹出的"收缩选区"对话框中设置收缩量为 6 像素，收缩选取，如图 4-46 所示。

Step 8：在"小圆"图层的上方新建一个图层"小圆内圆"，随便填充一种颜色，因为后面做剪贴蒙版时会把颜色盖住，所以这里填充什么颜色都无关紧要，我们要的是小圆内圆的区域，如图 4-47 所示。

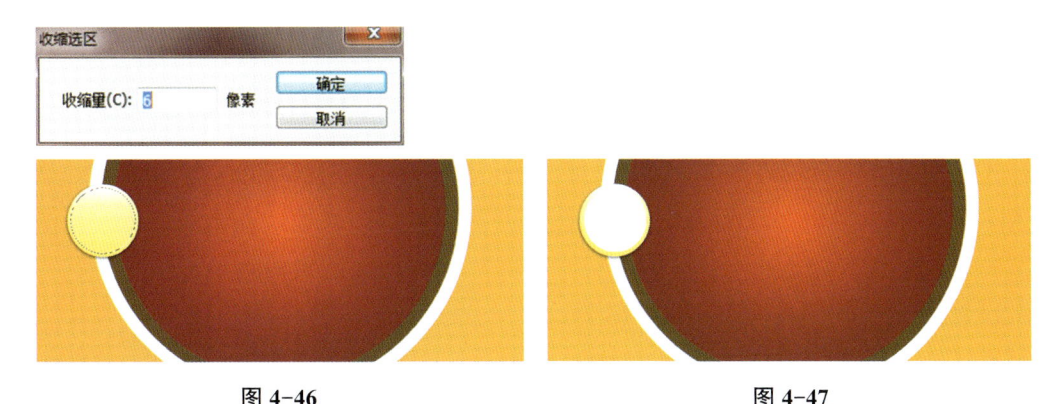

图 4-46　　　　　　　　　　　　　　图 4-47

Step 9：同时选中"小圆"和"小圆内圆"两个图层，按快捷键 Ctrl+J 复制当前活动图层，得到"小圆副本"和"小圆内圆副本"两个图层，然后将其移动到如图 4-48 所示位置。

Step 10：将素材"产品 1"中的女包移动到海报中，置于"小圆内圆"图层的上方，按下自由变换快捷键 Ctrl+T，对女包进行缩放，如图 4-49 所示。

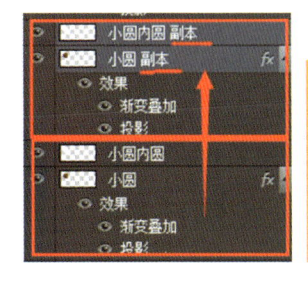

图 4-48　　　　　　　　　　　　　　图 4-49

Step 11：按快捷键 Alt+Ctrl+G 对女包创建剪贴蒙版，调节女包的大小和位置，得到如图 4-50 所示效果。

Step 12：按照同样的方法将素材"产品 2"中的女包放到第二个小圆内，如图 4-51 所示。

Step 13：用钢笔工具将素材"产品 3"中的白色女包抠出来，移到海报里面，放到合适的位置，如图 4-52 所示。

Step 14：选择自定义形状工具，选择星爆标签，填充黄色，无描边，在海报右下角画一个星爆，如图 4-53 所示。

图 4-50　　　　　　　　　　　　　　图 4-51

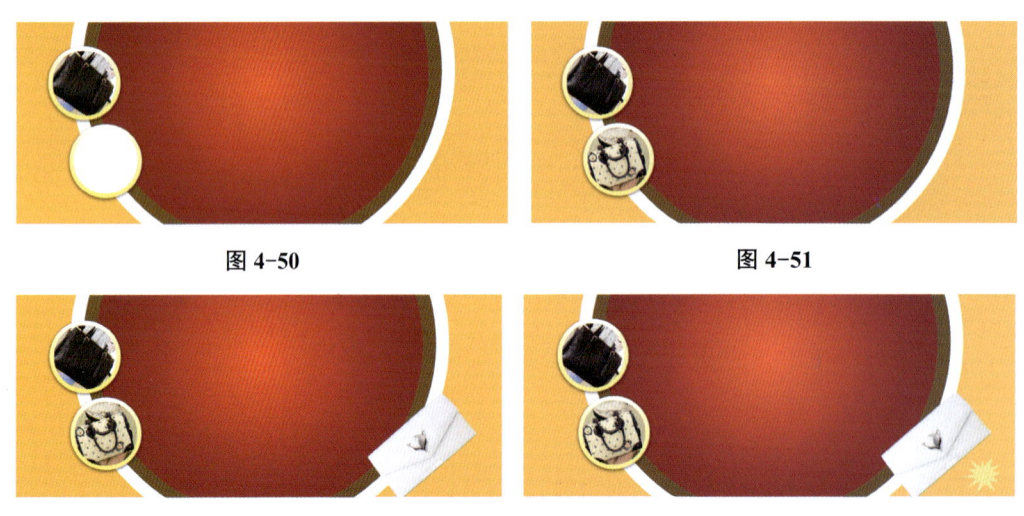

图 4-52　　　　　　　　　　　　　　图 4-53

Step 15：选择横排文字工具，输入"送"字，添加"描边"图层样式，描边颜色和文字颜色应一样，大小为1像素，起到文字加粗的效果，如图 4-54 所示。

Step 16：输入文字"新店酬宾"，添加"渐变叠加"图层样式，设置从浅黄到深黄的渐变方案，渐变样式设置为"线性"，得到如图 4-55 所示效果。

图 4-54　　　　　　　　　　　　　　图 4-55

Step 17：依次添加其他的文字，如图 4-56 所示。

Step 18：新建一个空白图层，选择画笔工具，设置前景色为金黄色，选择星形画笔笔刷，为图片添加发光效果，如图 4-57 所示。

图 4-56　　　　　　　　　　　　　　图 4-57

典型工作任务五：设计显示器海报

任务解析：

用提供的素材为显示器设计一张活动海报。

本任务考查的知识点包括：新建文件、新建图层、复制图层、图层顺序等；渐变工具；钢笔工具；选择性粘贴——贴入/剪贴蒙版；自由变换；蒙版；图层混合模式。

步骤解析：

Step 1：新建一个 1 276 像素 ×1 724 像素的文件，命名为"显示器海报"。选择渐变工具，填充深蓝到浅蓝渐变，如图 4-58 所示。

Step 2：新建图层，用钢笔工具勾画底部形状，转化为选区，填充棕色，向下移动选区，依次填充蓝色和灰色，如图 4-59 所示。

Step 3：用钢笔工具到素材"电脑"中抠取显示器，选择移动工具将其移动到显示器海报上。按自由变换快捷键 Ctrl+T，将显示器缩放到合适的大小，如图 4-60 所示。

图 4-58 　　　　　　　　　图 4-59 　　　　　　　　　图 4-60

Step 4：做显示器倒影。按复制图层快捷键 Ctrl+J，复制一个显示器，按自由变换快捷键 Ctrl+T 对显示器进行自由变换——垂直翻转，并移动到合适的位置，如图 4-61 所示。

Step 5：调节显示器副本的不透明度为 30% 左右，并调节图层顺序，将其调到棕色图层下面，效果如图 4-62 所示。

Step 6：为显示器副本添加图层蒙版，并在图层蒙版上拉出黑白渐变，使显示器副本出现渐隐渐现的倒影效果，如图 4-63 所示。

图 4-61 　　　　　　　　　图 4-62 　　　　　　　　　图 4-63

Step 7：通过选择性粘贴——贴入或剪贴蒙版的方法将素材"屏保－大海"放到计算机显示屏里面，如图 4-64 所示。

Step 8：将素材"冲浪者"移动到显示器海报里，放到显示器上方，如图 4-65 所示。

Step 9：为冲浪者添加图层蒙版，用黑色画笔进行涂抹，这里画笔大小不能太小，画笔大小可以是"175"，硬度为 0%，如果涂掉的太多可以将前景色切换成白色，用白色的画笔涂抹还原，使冲浪者呈现出一种从计算机显屏冲出来的感觉，如图 4-66 所示。

图 4-64　　　　　　　　　图 4-65　　　　　　　　　图 4-66

Step 10：将素材"显示器"移动到显示器海报里，调节好大小和位置，如图 4-67 所示。

Step 11：将素材"显示器"的混合模式改为"变暗"，不仅免去了抠图，还保留了原来的阴影，使其更好地和背景融合到一起，如图 4-68 所示。

Step 12：将素材"商标"移动过来放到左上角，并为广告图添加文字，完成海报的设计，如图 4-69 所示。

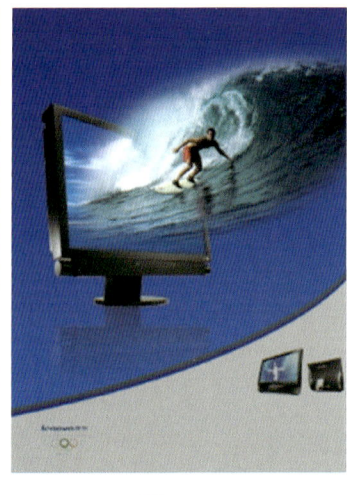

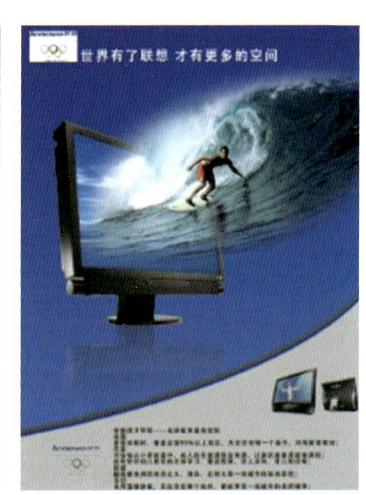

图 4-67　　　　　　　　　图 4-68　　　　　　　　　图 4-69

下篇 工作领域篇

Part Two

工作领域篇按照网店美工三大典型工作领域的工作内容，设置了网店视觉推广图设计、商品详情页设计、网店视觉首页设计3个教学项目，主要培养学生网店推广图设计、商品主图设计、商品详情页设计和网店首页设计等网店美工岗位的核心职业技能。

直通职场

电商美工/网页设计师/视... 8-13K
上海 | 1-3年 | 大专

◆ **岗位职责：**

1. 负责公司电商平台店铺装修、首页和宝贝详情页设计制作及活动海报、直通车、钻石展位图等的制作；

2. 负责各个品牌VI体系的建立，品牌传达端物料的设计；

3. 负责品牌VI设计、平面设计、包装设计等项目的整合和制作；

4. 按照运营要求，优化产品详情页以及相关店铺视觉输出；对公司的宣传产品进行美工设计；

5. 协助运营调整详情页配图、图片处理、编辑、美化、宝贝描述、配图文字的排版设计。

◆ **任职要求：**

1. 大专学历及以上，1～2年电商设计经验，能力优秀者可放宽要求；

2. 具有2年以上天猫或京东官方旗舰店的设计工作经验；

3. 具备一定的设计能力，有品牌意识和美的鉴赏能力；

4. 熟练操作Photoshop等相关平面设计软件。

PROJECT FIVE

项目五 网店视觉推广图设计

◆ **知识目标**

1. 掌握店内海报推广图的设计思路和要点；
2. 掌握直通车推广图的设计思路和要点；
3. 掌握钻展推广图的设计思路和要点；
4. 掌握活动推广图的设计思路和要点。

◆ **能力目标**

1. 能够根据需求设计并制作店内海报推广图；
2. 能够根据需求设计并制作直通车推广图；
3. 能够根据需求设计并制作钻展推广图；
4. 能够根据需求设计并制作活动推广图。

◆ **素质目标**

1. 遵守广告法，培养依法经营、公平竞争的职业道德；
2. 能够做到网上销售的商品依法明码标价，培养诚实守信的职业道德；
3. 不盗用他人图片，培养视觉营销设计中的版权意识；
4. 树立文化自信，培养民族情和爱国情。

知识加油站

广告：广告是为了达到特定的需求，通过某种形式的信息载体和广告媒体，公开而广泛地向公众传递信息的宣传手段。

广告图：通过色彩、线条、文字、图片素材等视觉元素创造出的具体、直观的能表现广告信息、深化广告主题和创意的图片。广告图将图片作为广告信息的载体，是卖家和买家之间的联系枢纽。

推广图：在淘宝和天猫平台投放，推广品牌、店铺和商品的图片。

德技并修

【职业道德：诚实守信的商道原则】

在设计网店视觉推广图时，商品价格、折扣、活动、销量等文案务必真实可靠，不能夸大其词、弄虚作假，也不能过度美化图片。并且商品图片要求真实拍摄，不得盗用其他店铺的图片，增强版权意识，并养成依法经营、诚实守信、公平竞争的商道原则。

【职业能力：解决实际问题的工作能力】

在进行网店视觉推广设计时，要搞清楚店内海报、直通车图、钻展图、活动图等不同推广图的尺寸、投放位置、推广目的、面向人群等信息，能抓住设计的重点，起到推广图应发挥的作用，从而养成解决实际问题的工作能力。

【职业能力：敏锐的思辨能力】

在进行网店视觉推广图设计时，要能敏锐、灵活地选择正确的工具进行图片设计，从而养成敏锐的思辨能力。

【爱国情：中国传统文化的文化自信】

电商平台促销活动往往是以节假日为契机，其中七夕节、中秋节、端午节、春节等节日是中国的传统节日，因此设计中国传统节日活动推广图时，可以将祥云、图腾等中国传统元素，红、黄等表现喜庆的颜色设计进去，展示中国的传统风俗、传统文化，从而树立文化自信，培养民族情与爱国情。

第一讲　店内海报推广图设计

典型工作任务：为3C数码店设计一张店内海报图

任务解析：

为一家3C数码网店设计1张店内海报推广图，要求产品突出、卖点突出、凸显品牌，能起到引导购买和品牌宣传的作用，最终效果图如图5-1所示。

图 5-1

知识点讲解：

店内海报推广图在店铺推广中十分常用，推广图中呈现的与商品相关的内容包括商品价格、折扣、活动信息、销量、商品图片等，与品牌形象相关的内容一般有品牌标识、品牌差异化卖点、品牌形象相关元素等。优秀的店内海报推广图设计会提升买家对商品和品牌的好感度。

1. 店内海报推广图的重要性

（1）准确表达推广信息。在网店推广中，商品及活动等信息几乎都是通过店内海报推广图传递给买家的。因此，卖家在设计推广图前就会制定明确的目标，对目标客户做精准定位和分析，准确传达需要推广的店铺信息是店内海报推广图的首要任务。在设计时用买家容易理解的语言和感兴趣的内容准确传递推广的信息，才能达到预期效果。

（2）树立品牌形象。品牌识别和品牌形象决定了品牌及商品在买家心目中的地位。淘宝、天猫平台具有流量大、受众广、买家对平台信任程度高等优点，是一个非常适合塑造品牌的场地。网店美工在设计店内海报推广图时，要注意将品牌相关内容有序地传递给买家，既不能影响买家对其他信息的获取，又要保证品牌信息的准确传递。

（3）引导消费。商品信息、活动信息、品牌信息等都可以引导买家关注和购买商品。网店美工可以通过视觉挖掘买家的潜在需求，将浏览店内海报推广图的消费群体转换成为对商品有需求的精准买家，从而提高转化率。

（4）满足买家需求。买家在浏览店内海报推广图时，既有对商品特质、功能需求，也有心理需求，如商品功能性强、性价比高、品牌知名度、服务到位、美观的图片及界面等。网店美工可以通过夸张、联想、象征、比喻、诙谐、幽默等手法，对画面进行美化处理，使之符合买家的审美需求。

2. 店内海报推广图的类型

店内海报大体分为两类：一类是店铺首页的整店海报（图5-2），另一类是店铺内单品详情的单品海报（图5-3）。整店海报图一般尺寸是1 920像素×600像素，也可以根据实际需要将高度增大，但不超过1 100像素。单品海报图的宽度：淘宝是750像素，天猫是790像素，高度一般不超过1 500像素。

图5-2　　　　　　　　　　图5-3

整店海报图位于首页上方，通常以轮播的方式展现店铺整体风格、产品类型以及活动等，以此提高消费者对本店铺的认知度，对当下主推产品进行展示，消费者可通过海报链接到产品详情页中。单品海报图位于产品详情页上方，针对具体某一款产品的风格、卖点、营销活动等进行展示，从而促使消费者产生购买的欲望。

3. 店内海报推广图的设计思路

在设计推广图之前，网店美工需对推广图进行构思，解读并分析买家的点击行为。买家完成从浏览到页面的点击动作这一过程，通常分为四个阶段，分别是引起注意、引发兴趣、帮助判断和产生点击。想要提升推广图的点击率，就需要对这几个阶段进行优化，把每个阶段做好。

（1）第一阶段：引起注意。打开平台页面，呈现在买家眼前的不仅仅只有卖家自身的推广图，还有其他店铺的产品及推广图等。买家在短时间内可获取的信息是非常丰富的，让买家在较短的时间内注意到自己店铺的推广图就显得尤为重要，这就要求推广图从色彩到信息内容都能吸引人的眼球。

①色彩对比：色彩对比是一种最简单、有效引起消费者关注的技巧之一。利用推广图所处环境色彩高度对比的颜色设计，可以率先获得买家的关注。

②重点突击：在推广图上要扩大重点内容展示面积、弱化其他内容及创造指示物等，以获得买家关注。

③创意文案：可读性强、内容新颖、满足买家猎奇心理的文案比较容易引起买家关注。

④创意图像：凭借设计者的灵感与创意，让设计者创作出可以牢牢抓住买家眼球的推广图。视觉元素的创作虽可天马行空，但不能偏离推广图要传递的本意，并且要让买家易于理解。

（2）第二阶段：引发兴趣。通常买家注意到卖家的推广图后，便会浏览或阅读，一旦推广图传递的信息让买家产生足够的兴趣，便很容易促使买家产生点击行为，反之则流失。

买家感兴趣的内容有优惠、品牌、差异化文化卖点等，网店美工可根据目标受众的特性选择内容，提炼并呈现在推广图中，可有效提升点击率。

（3）第三阶段：帮助判断。当买家对推广图内容产生兴趣后，有大部分的买家并不会立即点击，而是会对呈现的内容自我判断。例如判断广告内容的真实性、商品质量问题、价格问题等。此时，推广图中需要有帮助买家判断或跳过判断的内容。例如与销量相关、品牌相关的信息可以帮助买家判断，超低价、秒杀、限时折扣、限量商品及赠品等信息可以促使买家跳过判断环节。

（4）第四阶段：产生点击。当买家对推广图的内容产生兴趣，并且判断内容真实、有效后，即可点击，但也不排除有部分买家还是会犹豫。此时就需要帮助买家下决策，适当增加一些能让买家直接点击的内容，例如买家收益呈现、营造紧迫感等。

4. 店内海报推广图设计的注意事项

（1）主题突出。互联网上的推广图通常只有3 s吸引买家的时间，3 s之后推广图将面临被忽视、被关闭或不被点击的情况。网店美工在通过推广图传递信息时，需要将重要信息在3 s之内准确完整地传递给买家，这就要求推广图主题明确，且承载的信息不能过多。

推广图传递多层信息时，通常会通过某一主题传递。这个主题信息往往是买家首先需要获取到的内容，设计推广图时，需要突出主题重点，以方便买家在第一时间获取。如遇推广图承载信息较多，买家很难在短时间内获取到重点信息，此时可以将推广图的信息分层呈现，利用买家浏览习惯强化呈现，以方便买家获取。

推广图设计时的信息分层原则是重点突出重要信息、次重要信息适当弱化呈现或以简洁明了的方式呈现。常见的主题突出方法有以下几种。

①将广告主题设置成视觉焦点，或将主题信息设置在视觉焦点周围，以引导消费者的目光往主题方向聚集。

②通过色彩对比、文字加粗、放大、特效渲染等方式强调呈现广告主题。

③利用视觉元素将买家的目光引导到目标主题或主体上，从而突出主题信息。

（2）受众明确。在设计推广图的过程中，卖家需要对推广图所覆盖的买家进行筛选，确定明确的目标消费群，再根据目标消费群的偏好、习惯、兴趣点等，做精准的广告投放规划及推广图设计，从而达到预期效果。

（3）呈现美观。推广图的呈现美观指的是色彩搭配合理、构图美观、重点突出，素材的细节处理精准，文字及素材的排版规整以及特效的使用规范。

美观的推广图会让图片的表现力更强，更加易于引起买家的关注。同时，推广图代表的是店铺品牌，想要将品牌的优良形象传递出去，推广图的呈现必须是美观的。

步骤解析：

Step 1：新建大小为1 920像素×600像素，分辨率为72像素/英寸的画布，颜色模式为RGB，背景颜色填充为灰色（#e8e6e5）。

Step 2：新建图层，用钢笔工具画出一个图形，如图5-4所示，建立选区，填充白灰白的渐变色。

Step 3：用钢笔工具在Step1绘制的图形上方叠加一个带有圆弧的图形，建立选区后填充上灰白的渐变色，如图5-5（a）所示。在左侧添加一个三角形，建立选区后填充上灰白的渐变色，如图5-5（b）所示。在画面的最左侧再叠加上一个带有圆弧的图形，建立选区后填充上灰白灰的渐变色。通过添加三个图形做出折叠及立体效果，营造出科技感，如图5-5（c）所示。

Step 4：本海报采用"左图右文"的构图方式，在画面右侧添加营销文字，整体上采用"左对齐"的排版方式，并通过字体、字号、位置、颜色的变化对文字进行排版，如图5-6所示，其中"HUAWEI"的字体使用"Geomet212 BKCn BT、加粗"；"MateBook-XPro"的字体使用"Myriad Pro"，中文字的字体均使用方正黑体。

Step 5：用钢笔工具画出图形、建立选区、添加灰白渐变、添加图层样式里面的斜面浮雕效果，设置参数，如图 5-7 所示。

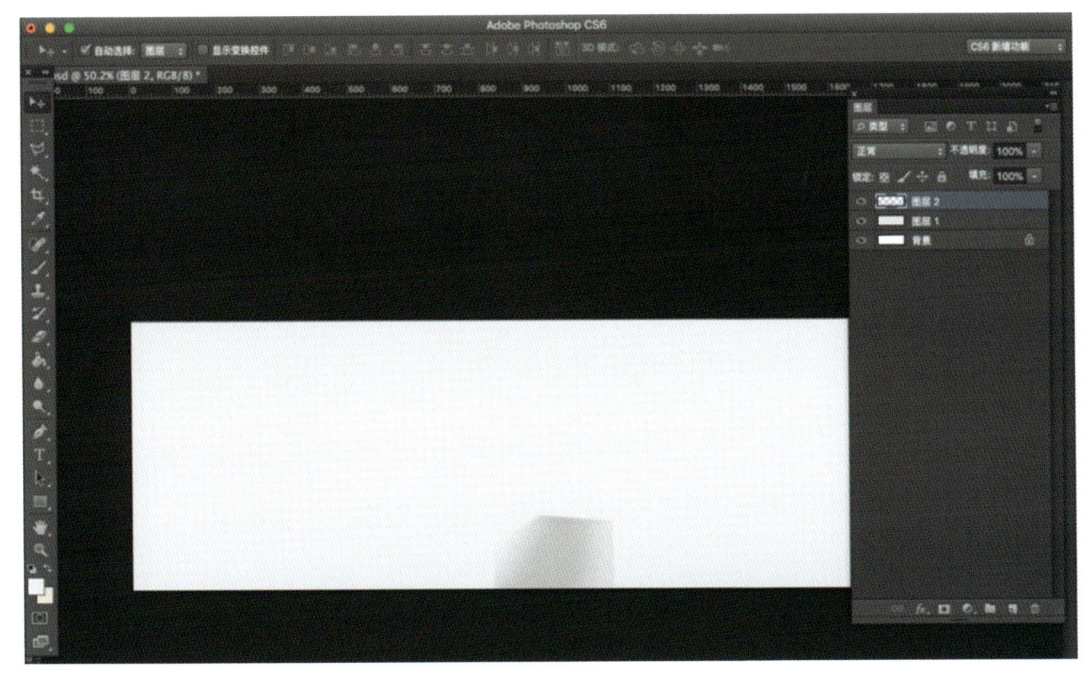

图 5-4

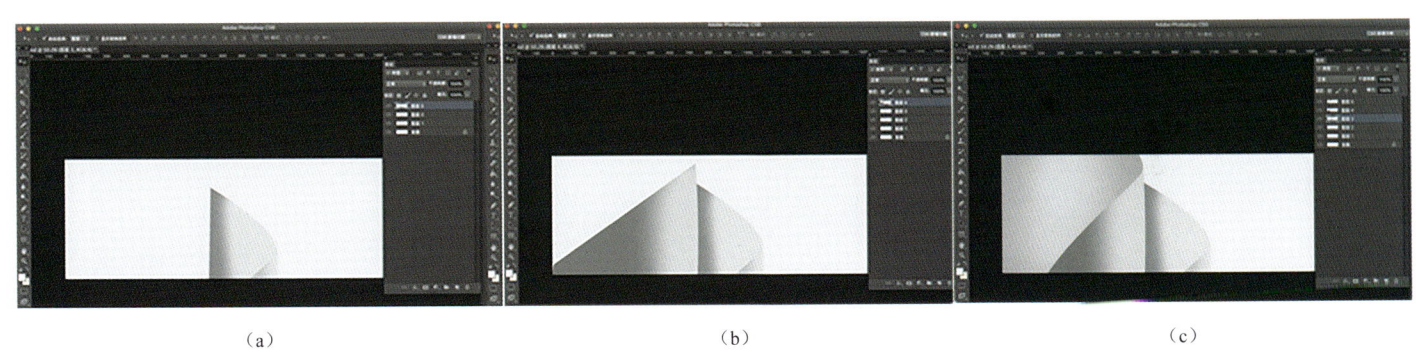

（a） （b） （c）

图 5-5

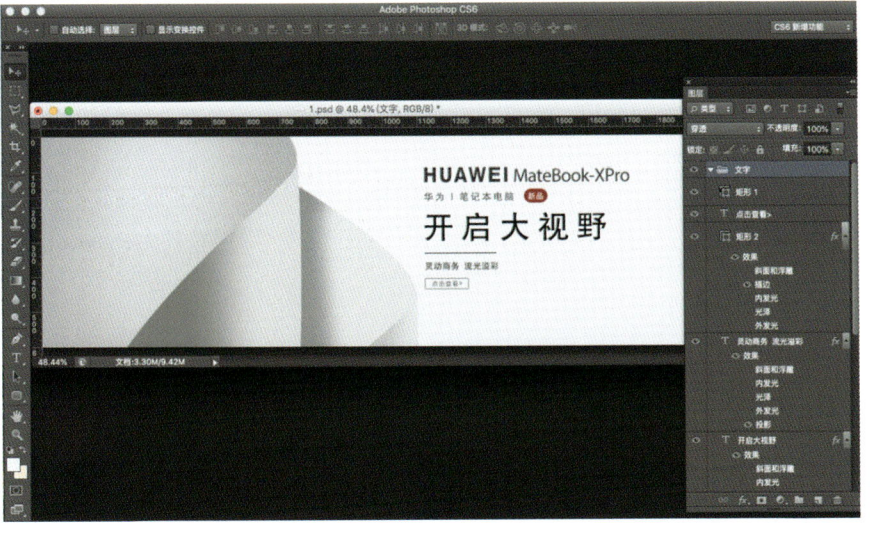

图 5-6

图 5-7

Step 6： 执行菜单栏中的"滤镜"|"模糊"|"动感模糊"命令，给两个图形添加动感模糊效果，设置角度为 –14°、距离为 15 像素，得到如图 5-8 所示效果。此时发现整个画面"左重右轻"，于是在画面的右下角空白处添加如图 5-8 所示的 2 个立体图形以增加画面的平衡性和饱满感。

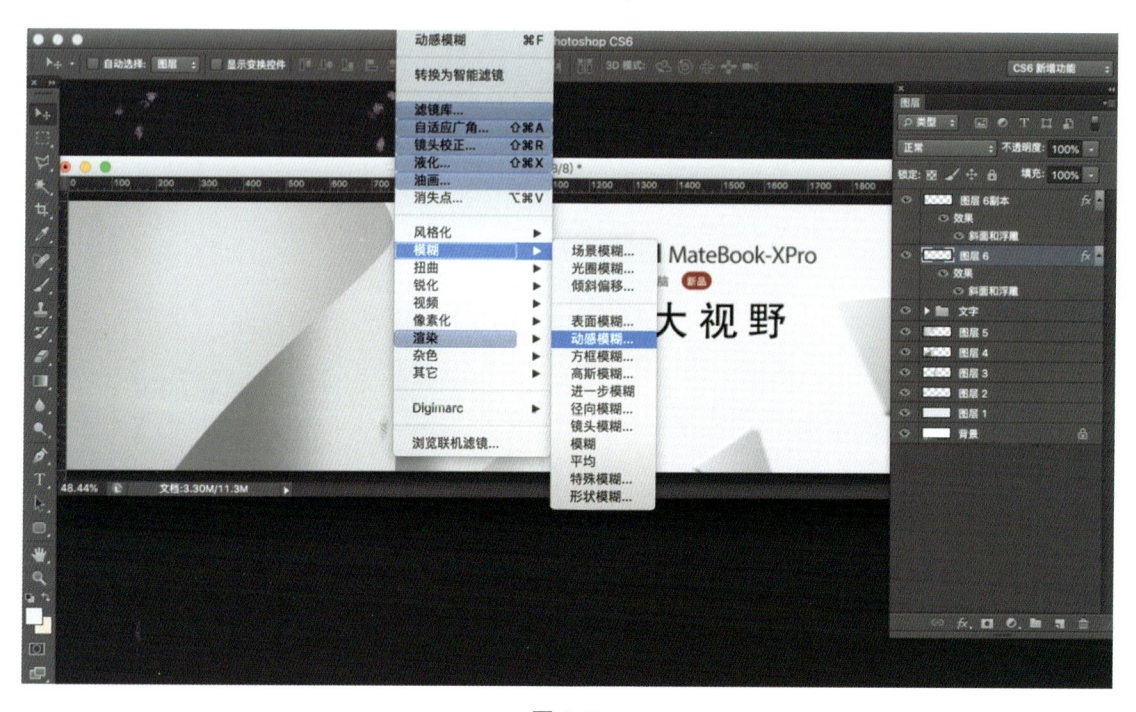

图 5-8

Step 7： 将华为电脑的图片拖进海报，放置在左侧并调节到合适的大小，通过图层样式——投影，为华为电脑增加一个阴影，如图 5-9 所示。

图 5-9

第二讲　直通车推广图设计

典型工作任务：为 3C 数码店设计一张直通车图

任务解析：

为一家 3C 数码网店设计 1 张直通车推广图，要求产品突出、卖点突出、有营销性，能突出产品的科技感，能刺激消费，效果图如图 5-10 所示。

知识点讲解：

直通车的推广要素主要指的是推广图片、推广标题以及关键词。买家通过搜索关键词，在直通车展位上可以看到对应的推广信息（图片、标题、宝贝售价与宝贝成交笔数）。买家根据感兴趣的推广图可点击进入宝贝详情页面。直通车推广图设计呈现的优劣将直接影响买家的点击情况，推广设计是直通车推广的重要内容。

1. 直通车推广图的特点解析

淘宝直通车是专门为淘宝卖家量身定制，按点击付费的 CPC 营销推广工具。

图 5-10

$$直通车扣费公式 = \frac{下一名出价 \times 下一名质量得分}{自己质量得分} + 0.01元$$

直通车具有精准推广、智能预测等特点，给广大卖家带来更多的潜在客户，用一个点击，产生一次或多次的店内转跳，所以直通车推广图也是网店美工经常制作的图片类型。

2. 直通车推广图的位置

直通车的展示位比较多，在淘宝网的商品搜索结果页面，通常标有"掌柜热卖"的是直通车图，淘宝电脑端直通车图在第一搜索页的具体位置如图 5-11 所示。网店美工需要了解投放后的推广图的呈现位置，位置不同，推广图的设计要求也会有所不同。

直通车推广图概述

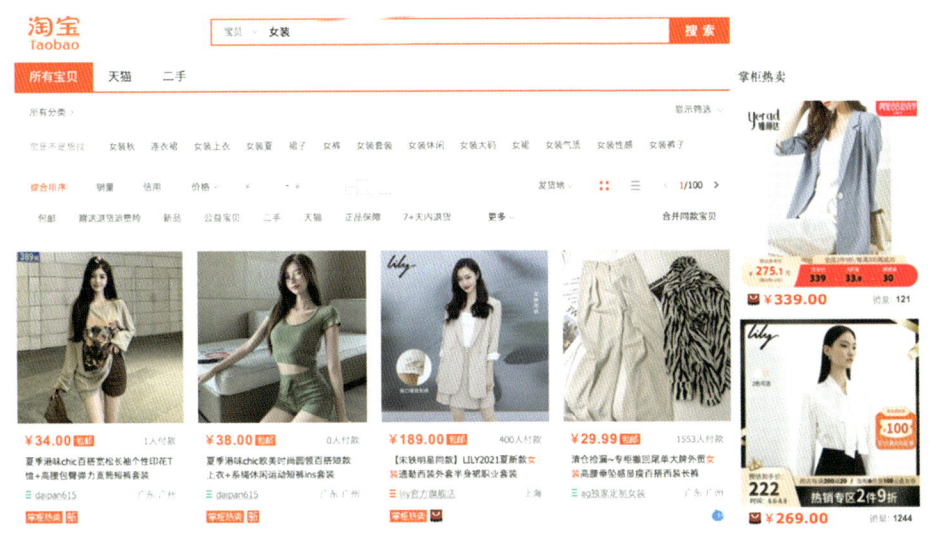

图 5-11

3. 直通车推广图的设计思路

在设计直通车推广图之前，需要先了解投放的计划和投放的位置，并结合推广文案以及目标客户关注点开展设计工作。直通车推广图设计需要适应各种平台环境。不同的买家看到的直通车推广图周边的环境是有差异的。在直通车推广图的设计过程中，需加强对买家的关注，并根据推广图构思原则，逐步加强买家的点击欲望。

（1）整体色调。直通车推广图的整体色调包括推广图的背景色、商品颜色、辅助元素的颜色等。色彩搭配需要注意以下几点：

①所选择的推广图的色彩在投放环境中要足够突出，才能引起买家关注，可以选择一些高饱和度的颜色进行色彩的整体搭配。

②色彩的选择要突出商品本身。推广图设计时要根据商品的颜色选择对比度较高的亮色，从而达到既突出推广图又突出商品的目的。

③色彩的选择要符合品牌的视觉识别体系，借助色彩传递品牌相关信息。

④选择色彩时要避免过亮或过暗的情况发生，过亮的颜色容易产生视觉疲劳，过暗的色彩容易产生压抑感。

（2）文案设计。一张高点击率的直通车推广图仅靠优秀的视觉设计是不够的。要使推广图具备一定的营销感染力，能打动买家的文案是关键。在撰写文案时，需要充分考虑买家的喜好、兴趣点等，才可最大化提升推广图的点击量。

（3）卖点设计。卖点是买家关注的商品特点、功能、买家收益，是卖家用来做营销的重要元素。在推广图中呈现商品的卖点，有助于挖掘买家的需求。如商品有差异化卖点，网店美工需要重点提出呈现。因为差异化卖点更容易在同类商品中脱颖而出，同时也是买家选择商品时容易被认可的利益点。

4. 直通车推广图设计的注意事项

（1）直通车推广图尺寸为 800 像素 ×800 像素。

（2）商品图要清晰，商品占据推广图的面积要大，可加深商品的色调，突出商品的主题。

（3）文案从简，文字字号要放大，以免手机屏幕看不清楚。

（4）背景采用简洁大气的风格，不能太过花哨。

步骤解析：

Step 1：新建大小为 800 像素 ×800 像素，分辨率为 72 像素 / 英寸的白色底画布。新建图层，通过图层样式添加渐变叠加，如图 5-12 所示，从紫（#3b1664）到深蓝（#171254），再到浅蓝（#0b3bbb）的渐变。

Step 2：绘制网格，选择直线工具，按 Shift 键在左侧画出一条垂直竖线，按快捷键 Ctrl+J 复制一条直线，选中复制出的竖线图层按快捷键 Ctrl+T 调出"自由变换"命令，将光标放到变换框里，往右移动复制出竖线（此步千万不能用移动工具移动），多次按 Alt+Ctrl+Shift+T 快捷键进行"变换"|"再次"，直至竖线铺满整个画面。选中所有的竖线图层并合并成一个图层，按快捷键 Ctrl+J 复制合并后的竖线图层，按快捷键 Ctrl+T 调出"自由变换"命令，并将其旋转 90°，形成如图 5-13 所示的格子图。

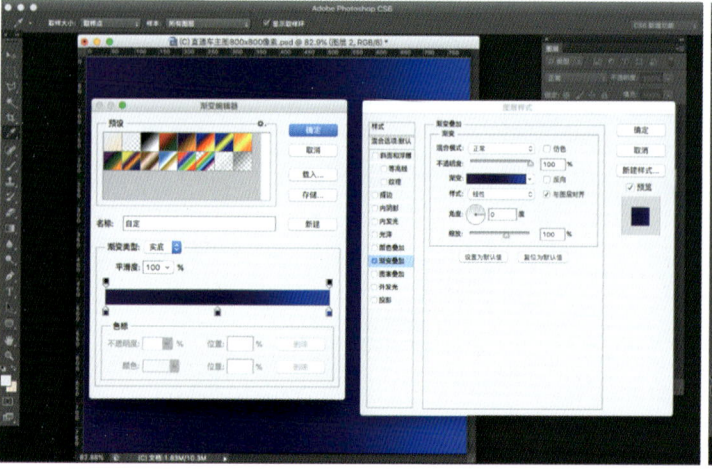

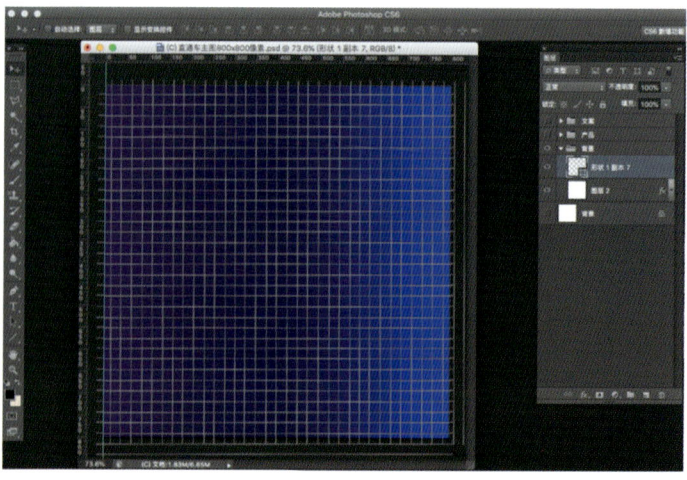

图 5-12　　　　　　　　　　　　　图 5-13

项目五 网店视觉推广图设计 115

Step 3：采用"左图右文"的构图方式，首先将耳麦的产品图片添加到海报中，然后调整其大小和位置，并通过"调整"面板调出色阶和色彩平衡命令，对其进行调色、参数设置，如图5-14所示。

Step 4：新建一个图层，置于耳麦图层下方，选择椭圆选框工具，羽化设置为10像素，新建一个椭圆选区，填充黑色，置于耳麦下方，为耳麦添加投影效果，如图5-15所示。

Step 5：导入素材"发光牌"，并在其上方添加文字"·双11爆款来袭·"，选中"·双11爆款来袭·"文字图层，添加外发光和投影效果，外发光的颜色设置为红色，如图5-16所示。

Step 6：选择圆角矩形工具，将半径设为"40"，画出一个圆角矩形，然后选择渐变工具，将颜色设为蓝色（#4673ee）到玫红（#cf00b4）的渐变色，对圆角矩形进行自上到下的线性渐变，得到如图5-17所示效果。在圆角矩形上添加文字"双音频切换"，同时选中圆角矩形和文字图层，按下Ctrl+J复制2个副本出来，并将副本中的文字"双音频切换"改成"手机电脑通用"，得到如图5-18所示效果。

Step 7：添加其他文案，本图采用"左对齐"的方式对文字进行排版，并通过字体、字号、位置、颜色的变化对文字进行整体排版。其中"无线蓝牙耳机"和"599.9"的字体使用"思源黑体粗体字体"，其余文字使用"思源黑体"，最终效果如图5-19所示。

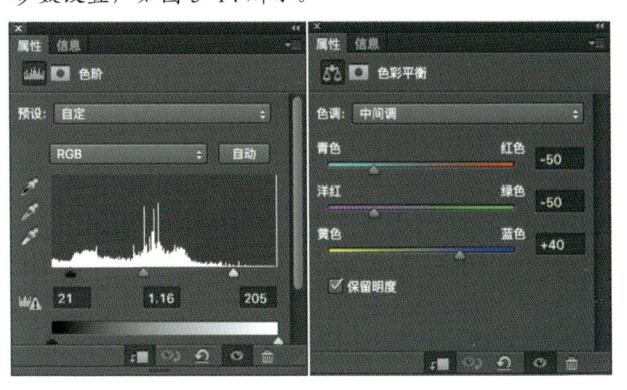

图 5-14

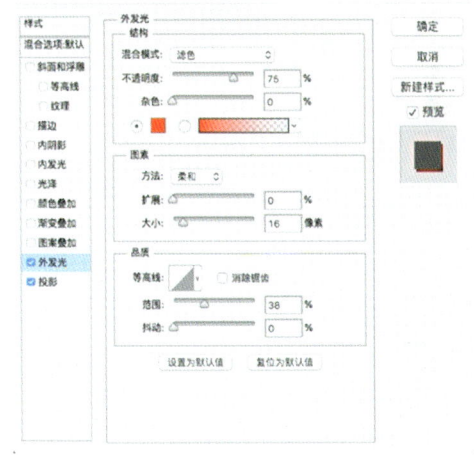

图 5-15

图 5-16

图 5-17

图 5-18

图 5-19

第三讲　钻展推广图设计

典型工作任务：为母婴店设计一张钻展推广图

任务解析：

为一家母婴店设计 1 张钻展推广图，要求产品突出、营销性强、视觉冲击力强，能突出店铺活动，能刺激、引导消费，效果图如图 5-20 所示。

知识点讲解：

钻展推广图是以图片展示为基础，以精准定位为核心，面向全网精准流量实时竞价的展示推广平台。钻展推广图的一个重要属性是其定向功能，它的定向投放有助于提高广告转化率。定向功能包括群体定向、访客定向、兴趣点定向。

1. 钻展推广图的特点解析

淘宝的钻石展位推广图简称钻展推广

图 5-20

图，是典型的 CPM（按展现付费）营销推广工具（钻展也有 CPC 付费模式）。钻展是按千次展现收费，单位是 CPM。例：1 个 CPM 8 元，就是这个广告展现 1 000 次收费 8 元，点和不点都进行扣费。

$$钻展总展现量公式 = \frac{预算金额}{CPM 价格} \times 1000$$

2. 钻展推广图的位置

钻展推广图的位置众多而且尺寸各异，如图 5-21 所示，在位置方面，仅投放大类就包括天猫首页、淘宝旺旺、站外门户、站外社区、无线淘宝等，对应的钻展尺寸更是多达数十种。因此在制作图片之前，首先要确定放置图片的位置，然后根据不同的位置确定相应的尺寸。不同的钻石展位，消费群体会有所差异，推广图位置所在的周边环境也不同，而这些内容都会直接影响推广图的设计。

3. 钻展推广图的设计思路

钻展推广不同于直通车推广，钻石展位一旦被投放，其广告位置是固定的。因此在策划钻展推广图文案的时候，可以使用参考竞争店

图 5-21

铺的方式。为强化点击量，网店美工可以从视觉冲击、创意独特、强化记忆、消费者收益四个方面着手。

（1）视觉冲击。推广图的视觉冲击就是运用视觉的艺术表达方式，使买家的视觉感官受到影响，从而留下深刻印象。视觉冲击可以通过创意造型、颜色对比等方式展现出来，从而给人感官刺激。

网店美工在设计钻展推广图时，视觉焦点的选择是关键。选择一个买家敏感的元素并且通过有创意的设计作为视觉焦点，可以提升推广图的关注度。此时可再利用色彩渲染，强化视觉冲击力。

（2）创意独特。创意独特指利用合理的夸张手法，将产品或主题信息表现得更加生动，加深或放大买家对推广图中某项信息的认识。

（3）强化记忆。品牌的忠诚度、知名度、感知质量、品牌联想构成了一个品牌的主要资产维度，这些资产维度各不相同，但又相互联系。把品牌打造成品类的代名词，也就是占据买家心理认知的高地。记忆在人的一生中扮演着重要角色，同样，它也反映在产品定位、买家购物的过程中。记忆是品牌联想的前提，因此，品牌要尽可能地拓展与目标群体的接触点，留下品牌记忆，生成不同维度的品牌联想。

（4）消费者收益。这里的收益指的是买家从推广图中感知到的收益。收益的内容一般可分为实质收益和情感收益两种。实质收益是买家所能享受到的客观、实际的收益，而情感收益则能带给买家情感上的慰藉和满足感。通常，卖家会对买家收益做强化呈现，让买家产生点击和购买的欲望。

4. 钻展推广图设计的注意事项

（1）钻展推广图尺寸：520像素×280像素（电脑端），640像素×200像素（手机端）。

（2）主题要突出，主打品牌定位或促销信息。

（3）字体和颜色不能超过3种；信息表达明确；文字创意与图片相结合。

（4）黄金分割和适当留白。

步骤解析：

Step 1： 新建一个大小为520像素×280像素，分辨率为72像素/英寸的画布，颜色模式为RGB，背景颜色填充为浅粉色（#f7e5e2）。

Step 2： 用钢笔工具画出2个四边形，如图5-22所示，大四边形颜色为肉色（#e9cfc5），小的长条四边形颜色深一点（#e1bbae），做出立体和透视效果。

Step 3： 选择多边形套索工具，在如图5-23所示的位置画2个三角形，填充粉色（#f5d7d4）。然后再画3个平行四边形，与前面画的2个三角形组合成立体图形，填充深粉色（#d9a39d）。

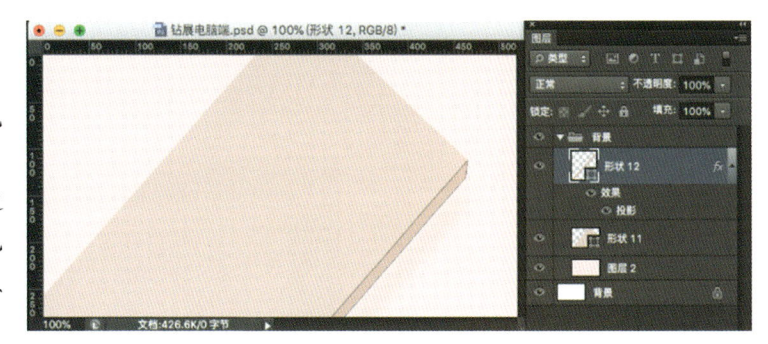

图 5-22

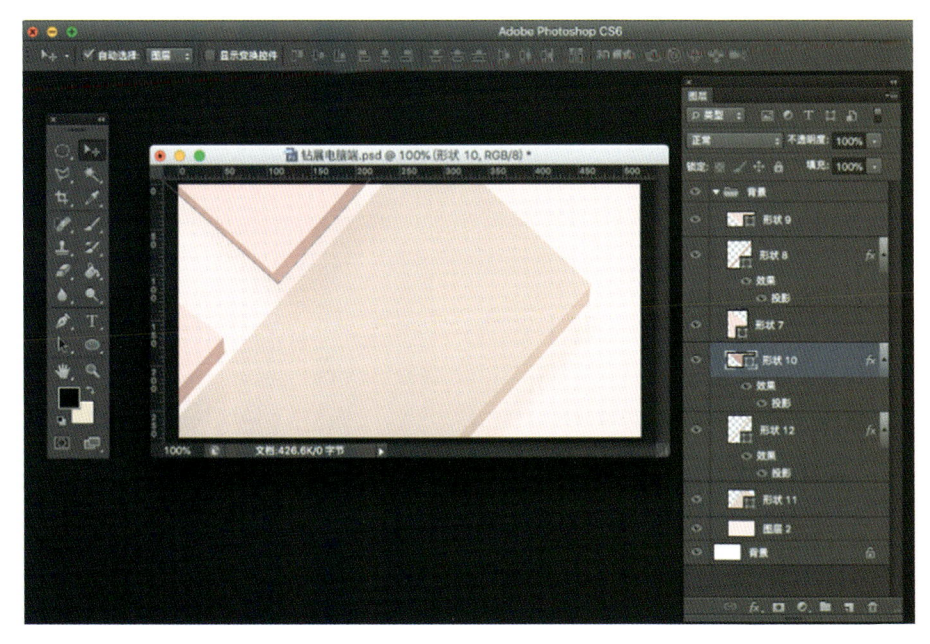

图 5-23

Step 4：添加产品图片到钻展海报，并按如图 5-24 所示进行排版。

图 5-24

Step 5：添加投影，参数设置如图 5-25 所示。

Step 6：新建一个图层，选择椭圆选框工具，按 Shift 键添加一个正圆，填充粉色（#d5a9a1）。按快捷键 Ctrl+J 复制正圆图层，调节到合适的位置后填充白色（#f4f3f8），得到如图 5-26 所示效果。

Step 7：在圆上面添加文字，文字排版方式为"居中对齐"，对文字进行排版，调节文字的字体、字号、位置和颜色，其中"全场 9.9 元起"的字体使用"思源黑体粗体字体"；其余文字使用"思源黑体"，效果如图 5-27 所示。

图 5-25

图 5-26

图 5-27

第四讲　活动推广图设计

典型工作任务：为食品店设计一张中秋活动推广图

任务解析：

为一家食品店设计 1 张中秋节活动推广图，要求产品突出、营销性强、视觉冲击力强，能烘托节日气氛，刺激、引导消费，效果如图 5-28 所示。

活动推广图概述

图 5-28

知识点讲解：

在日常营销中，卖家经常参与电商平台的官方活动，以吸引流量或提高产品销量。一般活动会对图片的尺寸、内容等方面进行相应的规定，如果不能满足某些规定，将不能参加活动，因此图片是否规范，对于活动的参加者来说非常重要。

1. 活动推广图的特点解析

淘宝天猫全年中有将近上百个淘宝天猫活动，除 618 年中大促、双 11 和双 12 等活动外，基本上每月都会有一个主题活动，如图 5-29 所示。卖家通过参与电商平台的官方活动，来吸引流量或提高产品销量。

2. 活动推广图的设计思路

（1）主题鲜明。海报上的图片和文案要能够清晰地表达出主题内容，让消费者能够快速抓住信息点。

（2）图文并茂。只有文案，则显得排版过于单调；只有图片，又显得表达不够明确，因此需将图片与文案进行完美结合。

（3）突出亮点。突出福利方面：满减活动、限时折扣、赠送福利等；突出产品特色：想要与同类产品形成区别，势必要在亮点特色上下功夫，寻找自身产品的卓越优势。

（4）品牌口碑。良好的品牌形象能够给消费者形成牢固的信赖感，有利于促成订单。

3. 活动推广图设计的注意事项

（1）活动推广图尺寸根据活动主办方的要求确定。

（2）商品图居中，有模特的不可截掉头部。

（3）商品图角度，以展示商品全貌为最佳。

（4）商品图数量，同款式不超过2件（量贩团、套件商品除外）。

（5）商品图必须主次分明。

步骤解析：

Step 1: 新建文件大小为1 920像素×700像素，分辨率为72像素/英寸的画布，颜色模式为RGB，背景填充颜色为红色（#aa0808）到黑色（#030000）的径向渐变，角度为0°，缩放到150%，效果如图5-30所示。

图 5-29

图 5-30

Step 2: 为背景添加中式图腾花纹，效果如图5-31所示。

Step 3: 为营造中秋佳节氛围，在画面中依次导入国风素材"月亮""祥云1""祥云2"，并调节素材的大小和位置，效果如图5-32所示。

Step 4: 继续在画面中导入象征中华传统文化素材"中式建筑物"和"梅花"，并在月亮图层上方导入素材"花瓣"和"飞鸟"，烘托节日气氛，效果如图5-33所示。

Step 5: 添加文字"相聚"，字体使用方正兰亭特黑体；添加文字"天涯若比邻"，字体使用兰亭黑体，中黑；添加"国庆节美好的邂逅"和"YOUR NEIGHBOR"，字体使用兰亭黑体，纤黑，排版效果如图5-34所示。

Step 6: 再添加文字"中秋"，字体使用禹卫书法行书简体书法字体，为文字"中秋"添加背景图层，创建剪贴蒙版，效果如图5-35所示。

项目五　网店视觉推广图设计　121

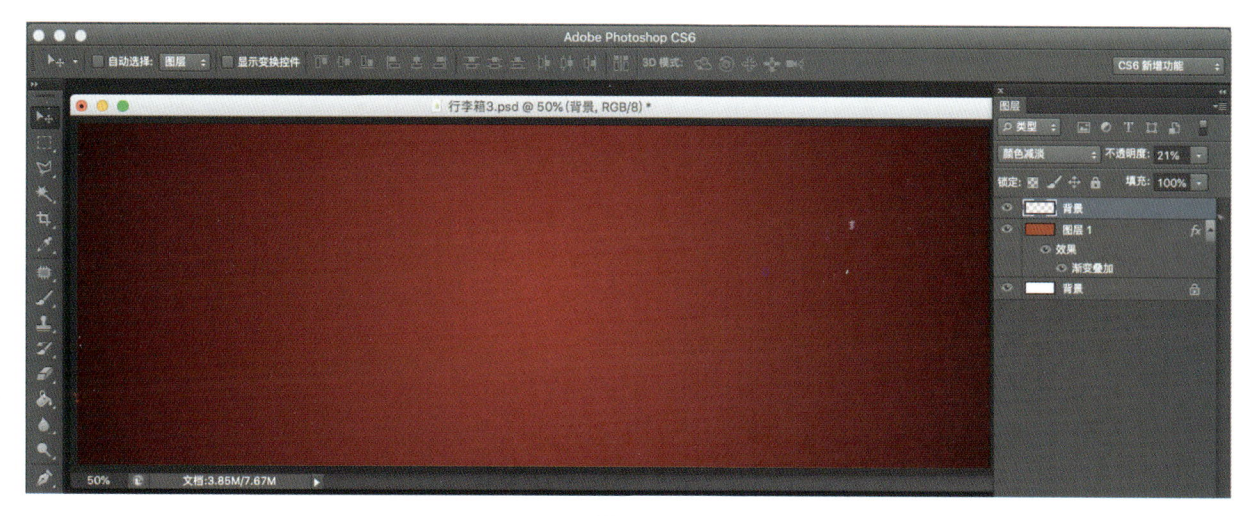

图 5-31

图 5-32

图 5-33

图 5-34

图 5-35

Step 7：在"调整"面板中，调整色阶和亮度，参考指数如图 5-36 所示。
Step 8：最后在画面右侧添加素材"月饼礼盒"，并调节素材的大小和位置，最终效果如图 5-37 所示。

图 5-36

图 5-37

PROJECT SIX

项目六 商品详情页设计

◆ **知识目标**

1．了解商品主图设计的要点和设计规范；
2．了解商品详情页设计的框架结构和特点；
3．了解商品详情页设计的规范和基本原则；
4．掌握详情页中商品展示、细节展示、卖点展示等常用模块设计要点。

◆ **能力目标**

1．能够熟练地处理和美化商品图片；
2．具有一定的文案提炼能力，能够根据产品的特性，提炼出产品的特点和卖点，设计出具有营销性的文案；
3．具备一定的设计能力，能够根据产品的特性，设计出符合产品调性的详情页。

◆ **素质目标**

1．培养良好的沟通能力和协调能力；
2．树立"诚信为先"的营销理念，培养诚实守信的职业道德；
3．培养精益求精的工匠精神；
4．培养乐于奉献的人生观；
5．培养创新思维，提高创新能力。

第一讲　商品主图设计

典型工作任务：为剃须刀设计一款主图

德技并修

【职业道德：诚实守信的商道原则】

在主图设计中，撰写产品卖点时不能夸大其词，处理产品图片时不能过度美化，展示产品价格或者优惠活动时不能虚标原价再打折，要如实提供图片上承诺的赠品或其他服务，树立"诚信为先"的经营理念，并养成依法经营、诚实守信、公平竞争的商道原则。

任务解析：

结合提供的素材及文案，为一男性用品店设计一款剃须刀主图，要求产品突出、主题明确、有吸引力、能促进点击，效果如图 6-1 所示。

知识点讲解：

商品主图在电子商务和营销中具有关键作用。它们是吸引潜在客户的第一印象，提供商品关键信息、建立品牌形象、增加购买决策、营销推广和区分竞争对手的有效工具。高质量、吸引人的主图能够提高商品页面的转化率，促使更多访问者成为实际的购买者。因此，商家和品牌应该重视主图设计，以充分利用其在推广和销售过程中的重要性。

1. 主图的概念

（1）以淘宝平台为例，淘宝网搜索商品时，展示出来的商品图片就是商品主图，也可以叫作宝贝主图，如图 6-2 中商品搜索图中标注的地方，就是这个商品的主图，对应宝贝编辑发布页面上的宝贝主图。

（2）点击商品主图之后，进入宝贝详情页面，左侧展示的宝贝图片中，一般第一张图片即宝贝主图，可以显示在搜索页面上，如图 6-3 所示。

图 6-1

图 6-2

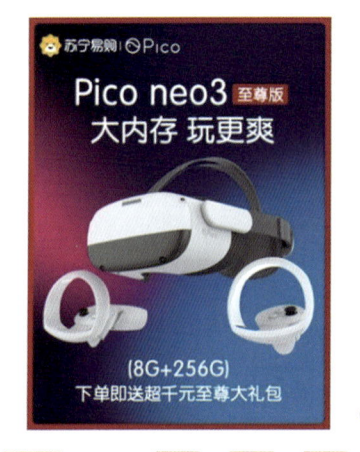

图 6-3

2. 主图的目的和作用

一张优质的主图主要起到以下三个作用，如图6-4所示。

（1）抓住眼球。主图的设计讲究醒目和美观。

（2）激发兴趣。图片的设计应该突出商品的卖点，展示出商品的促销信息。

（3）促成点击。点击意味着会增加店铺的流量，会促成转化率的提升。

3. 主图设计基本原则

（1）主图尺寸。一般都采用正方形图片，主图的最小尺寸为310像素×310像素，不具备放大效果。淘宝官方建议尺寸为800像素×800像素至1 200像素×1 200像素，该尺寸主图具备放大效果。由于京东、当当网等主图规格都是800像素，为了方便其他平台发布商品时不重新制作，一般统一主图制作大小为800像素×800像素且图片大小不能超过3 MB。

（2）突出主题。在设计主图时，要突出主题，而且背景一般采用纯洁的单色调。纯色背景的好处：更加突出商品；给人清晰、干净的感觉；更容易添加文字说明。如图6-5中，(a)图通过模特展示服装的清新、淡雅，而(b)图用碧绿的树叶衬托护肤商品的自然属性。两图都采用了白色纯色背景，突出商品效果。

图 6-4

图 6-5

(a)突出主题一；(b)突出主题二

（3）文字搭配技巧。

①简：简单明了。比如"包邮"而非"七夕节包邮"。

②精：用最少的字，表达出商品更多的信息。

③明：一针见血，尤其是打折信息、商品优势、商品功能等信息。

文字搭配如图6-6所示。

（4）文字颜色搭配。常见的最佳搭配颜色系列有红底白字、蓝底白字、黑底白字、红底黄字等，如图6-7所示。

图 6-6

图 6-7

主图一定要足够清晰，文字不可以太多，一般放公司 Logo 和促销文字或商品卖点。主图设计需要围绕以下三点展开：商品清晰、卖点突出、促销信息明确，如图 6-8 所示。

图 6-8

步骤解析：

Step 1：打开 Photoshop，新建大小为 800 像素×800 像素、分辨率为 72 像素/英寸、颜色模式为 RGB 颜色、名称为"商品主图"的白色底图，如图 6-9 所示。

Step 2：为了凸显男士的阳刚之气，选择黑灰色作为背景。按快捷键 G 选择渐变工具，在属性栏中选择"径向渐变"，然后单击渐变编辑器，左侧色标填充灰色，右侧色标填充黑色，在背景图层从中心向外拉一条从灰到黑的径向渐变，如图 6-10 所示。

Step 3：剃须刀产品表面有杂色，为了和产品呼应，接下来给背景添加近似杂色。执行"滤镜"|"杂色"|"添加杂色"命令，具体参数设置如图 6-11 所示。

图 6-9

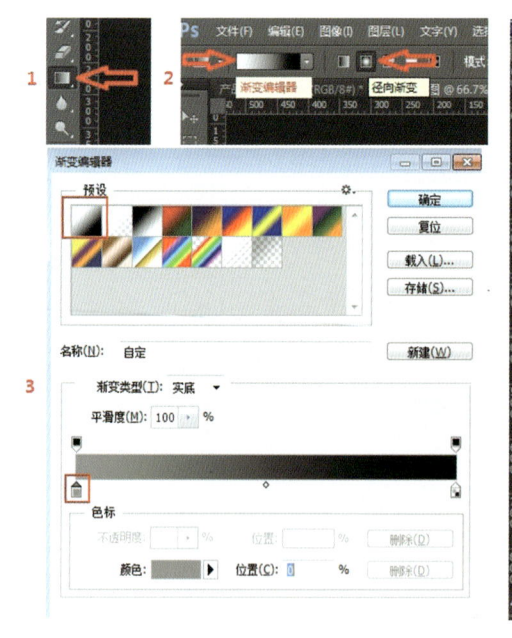

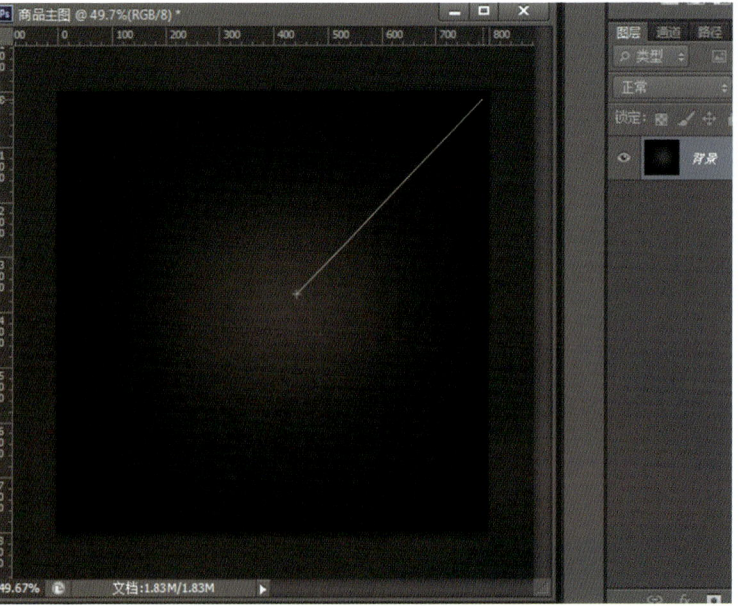

图 6-10

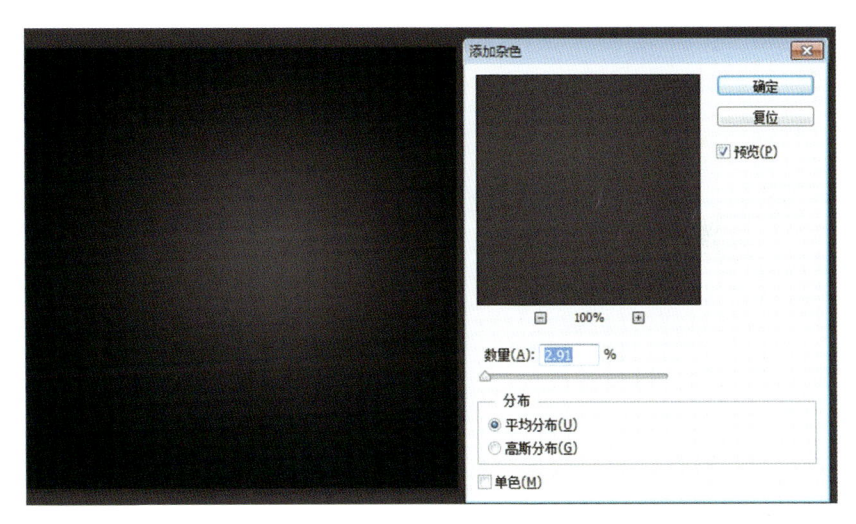

图 6-11

Step 4: 打开素材"光素材.psd",按快捷键 V 选择移动工具,将名为"光源 1"的图层直接移动并复制至商品主图,如图 6-12 所示。

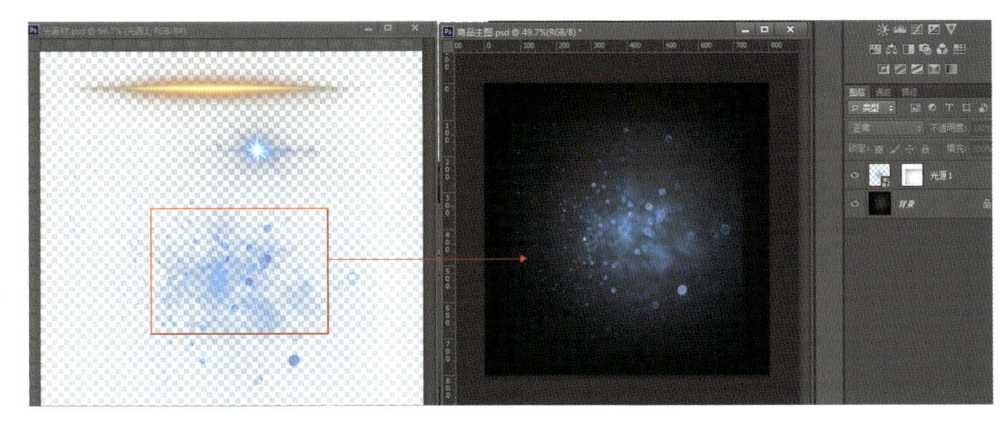

图 6-12

Step 5: 设置光素材的图层混合模式为"颜色减淡",并为光素材添加一个图层蒙版;按快捷键 B 选择画笔工具,设置画笔大小为"380 像素"、硬度为"0%",设置前景色为黑色,最后用画笔在蒙版图层涂抹(蒙版上白色的区域会显示出原始图层的内容,黑色和灰色区域则会隐藏图层的相应部分),使光源和背景自然融合,如图 6-13 所示。

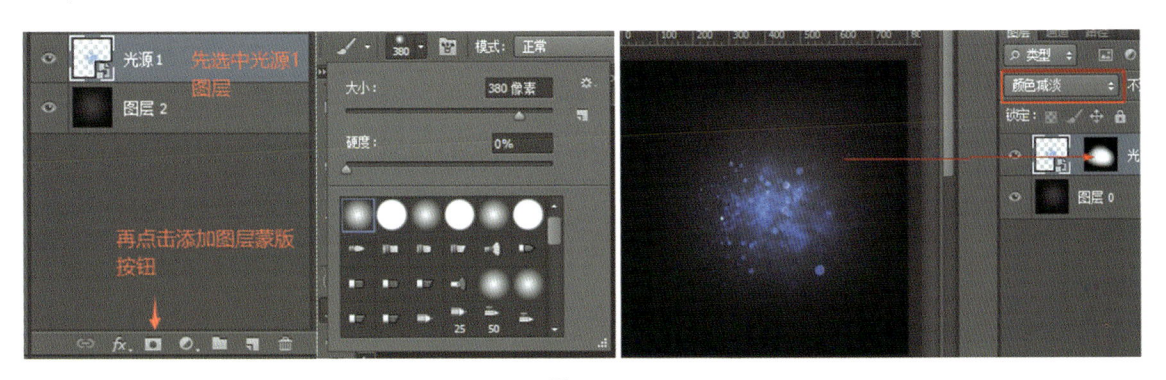

图 6-13

Step 6: 本主图采用"左文右图"的构图方式,打开素材"商品.PSD",按快捷键 V 选择移动工具,将抠好的商品移动至商品主图中,并置于主图右侧,如图 6-14 所示。

Step 7: 文案采用"左对齐",按快捷键 T 选择文本工具,输入文字"新品发售"。在文本工具属性栏中单击

"切换字符和段落面板"按钮,选中文字"新品发售",并调整"字符"和"段落"面板中字体、大小、颜色、粗体及浑厚样式的具体数值,参数设置如图 6-15 所示。

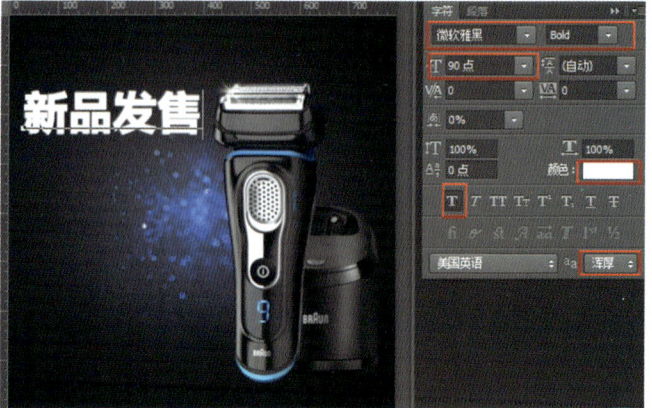

图 6-14

图 6-15

Step 8: 将素材"文字背景.jpg"图片拖入主图中,并置于"新品发售"文字图层上方,然后选中该图层并单击右键,选择"创建剪贴蒙版"菜单,文字背景以剪切蒙版的方式置于文字内部,步骤和效果如图 6-16 所示。

图 6-16

Step 9: 继续添加其他文案,使用文本工具,单击属性栏中的"切换字符和段落面板",设置字符间距、字体、字号、粗细、颜色、位置和删除线,对文字进行排版,并在"前 50 名购买"后面添加几个">"符号,起到引导点击作用,如图 6-17 所示。

Step 10: 为"免费试用"添加圆角矩形背景,按 U 选择圆角矩形工具,设置矩形工具属性,填充设置为黑色、描边设置为无、半径设置为 5 像素,设置好后在"免费试用"图层下方绘制圆角矩形,如图 6-18 所示。

图 6-17

图 6-18

Step 11：为圆角矩形添加颜色渐变效果。双击圆角矩形图层添加图层样式，选择渐变叠加效果，设置渐变编辑器颜色浮标，将渐变颜色设为商品副色调蓝色，颜色由浅到深并应用。具体如图6-19所示。

图 6-19

Step 12：为圆角矩形添加光效。打开素材"光素材.psd"，按V选择移动工具，将横向的光束复制至商品主图的圆角矩形上方。按快捷键Ctrl+T并调节光源的大小，接着调整光源的色相，先选中光源图层，单击右键后在出现的菜单中选择"栅格化图层"，栅格化完成后按快捷键Ctrl+U调出"色相/饱和度"面板，调整光源颜色，设置色相为240、饱和度为47、明度为+25。按V键切换到移动工具，在按下Alt键的同时移动光源，得到光源的副本，将其拖动至圆角矩形下方，这样圆角矩形上下方都有了发光效果，最后效果如图6-20所示。

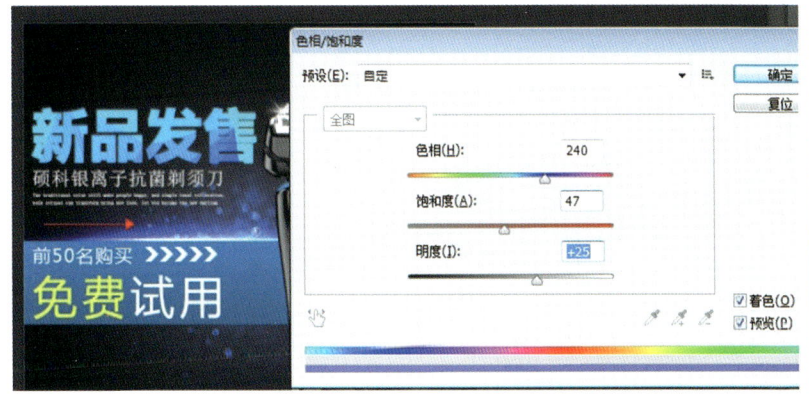

图 6-20

Step 13：促销文本的制作。按快捷键T切换到文字工具，输入"399""原价：1299"等促销信息，在文字工具属性栏中单击"切换字符和段落面板"按钮，设置好相应文字的字体、字号、颜色、删除线和位置。为文字添加特效，双击文字"399"所在图层，打开图层样式，选择渐变叠加，颜色设置为由浅蓝到深蓝。选择圆角矩形，在"立刻购买"图层下方添加一个圆角矩形，填充设置为黄色（#ffff00）、描边设置为无、半径设置为5像素，最终效果如图6-21所示。

图 6-21

Step 14：为起到品牌宣传的作用，在主图中添加 Logo。按 U 键选择"自定义形状"工具，在"自定义形状"工具属性栏的"形状"设置中，单击"小齿轮"进行全部形状的置入，如图 6-22 所示，然后选择形状"标志 2"进行绘制，属性设置为：填充设置为蓝色、描边设置为无。

图 6-22

Step 15：按快捷键 Ctrl+T 调出自由变换按钮，单击右键选择"垂直翻转"命令，然后调节图形的大小和位置，并在图像上添加文字"新光科技"。选择矩形选框工具绘制一个矩形，填充设置为蓝色、描边设置为无，添加文字"店长推荐"，并置于矩形框上方，调节文字的大小和位置，然后将矩形框和文字图层合并，按快捷键 Ctrl+T 调出自由变换按钮，将光标放在顶角锚点的外侧，按住 Shift 键并旋转 45°，然后移动到主图的右上角，如图 6-23 所示。

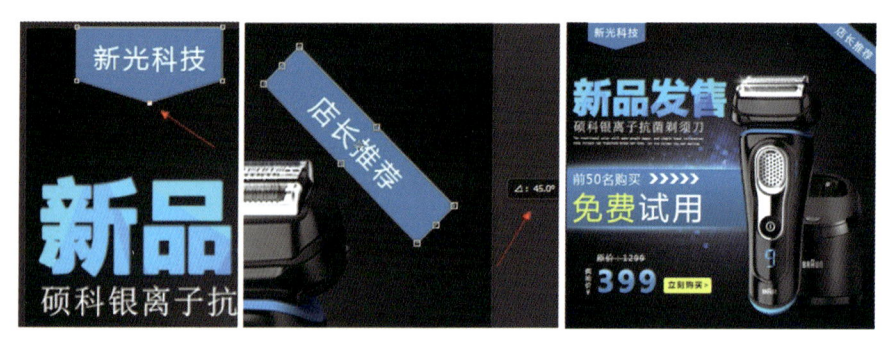

图 6-23

Step 16：为了增加氛围，在主图底部和商品上添加发光效果。首先复制"免费试用"背景框处的光源至底部，并调整大小和位置。然后打开素材"光素材.psd"，复制三个星形光源至商品上，按快捷键 Ctrl+T 调整光源的大小和位置。接着调整蓝色光源颜色，选中光源图层，通过右键菜单选择"栅格化"菜单后，执行"图像"|"调整"|"去色"命令，这样一个白色光源就形成了。具体效果如图 6-24 所示。

图 6-24

第二讲　商品详情页设计内容

典型工作任务：为水蜜桃设计一款详情页

任务解析：

用提供的素材和文案，为一个三农天猫商城设计一款水蜜桃详情页，详情页应包括首屏海报、产品参数、产品卖点、产品细节、产品实物展示、食用方法和货运方法等模块。详情页设计要求模块完整、逻辑合理、符合FAB法则、图文混排、形式美观，卖点突出、能提高转化、适当营销、宣传语不允许过分夸张。效果如图6-25所示。

图 6-25

知识点讲解：

商品详情页不仅是介绍商品的页面，还是流量进店第一站，是提高转化率的入口，它能激发顾客的消费欲望，增强信任感，打消顾客的疑虑，促使顾客下单，同时传达企业品牌信息，完成从流量到有效流量再到忠实流量的转化。只有满足买家心理需求的详情页，才会有更高的转化率。

1. 详情页概述

当打开电商平台产品时，看到的产品描述页就是详情页，商品详情页的好坏会直接影响买家浏览商品的时间和转化率，因此做好详情页显得尤为重要。

商品详情页不仅能向买家展示商品的规格、颜色、细节、材质、功能等具体信息，还能展示商品的优势，流量能否变成转化率，常取决于详情页内容是否能抓住买家需求，详情页范例如图6-26所示。

图 6-26

2. 详情页的作用

（1）提高转化率。影响店铺转化率的因素非常多，其中最重要的一个因素就是商品详情页。商品详情页中呈现的内容是否能打动买家以及是否能满足买家的需求都会影响转化率，而转化率的数据也是考核详情页的重要依据。为了提升转化率，卖家往往会通过一些手段加强买家的购买欲望。商品的品牌、品质、服务、性价比、价格优势、差异化优势、热销盛况等都是非常有效的方式。

（2）提升客单价。商品详情页的内容呈现、关联销售都可以再次挖掘买家的潜在需求。一旦买家的需求被激发，再通过文案营销，就更容易让买家产生关联购买，从而提升客单价。

（3）提升页面的停留时间。商品详情页是商品的说明书，需要通过足够吸引人的内容以及符合买家心理期望值的呈现描述商品，生动的呈现可以让买家享受阅读和购物的乐趣。从数据表现来看，优质的商品详情页可以提升买家在页面上的停留时间。

（4）降低跳失率。一个生动有趣的商品详情页不但能有效地提升页面停留时间，还会促使买家查看更多店铺商品推荐。此时整个店铺的跳失率自然就会下降，跳失率下降意味着转化率的提升。

3. 模块介绍

通过电商平台关于消费者对于四大行业详情页内容需求程度数据分析，得出如图 6-27、图 6-28 所示的需求程度分析图。

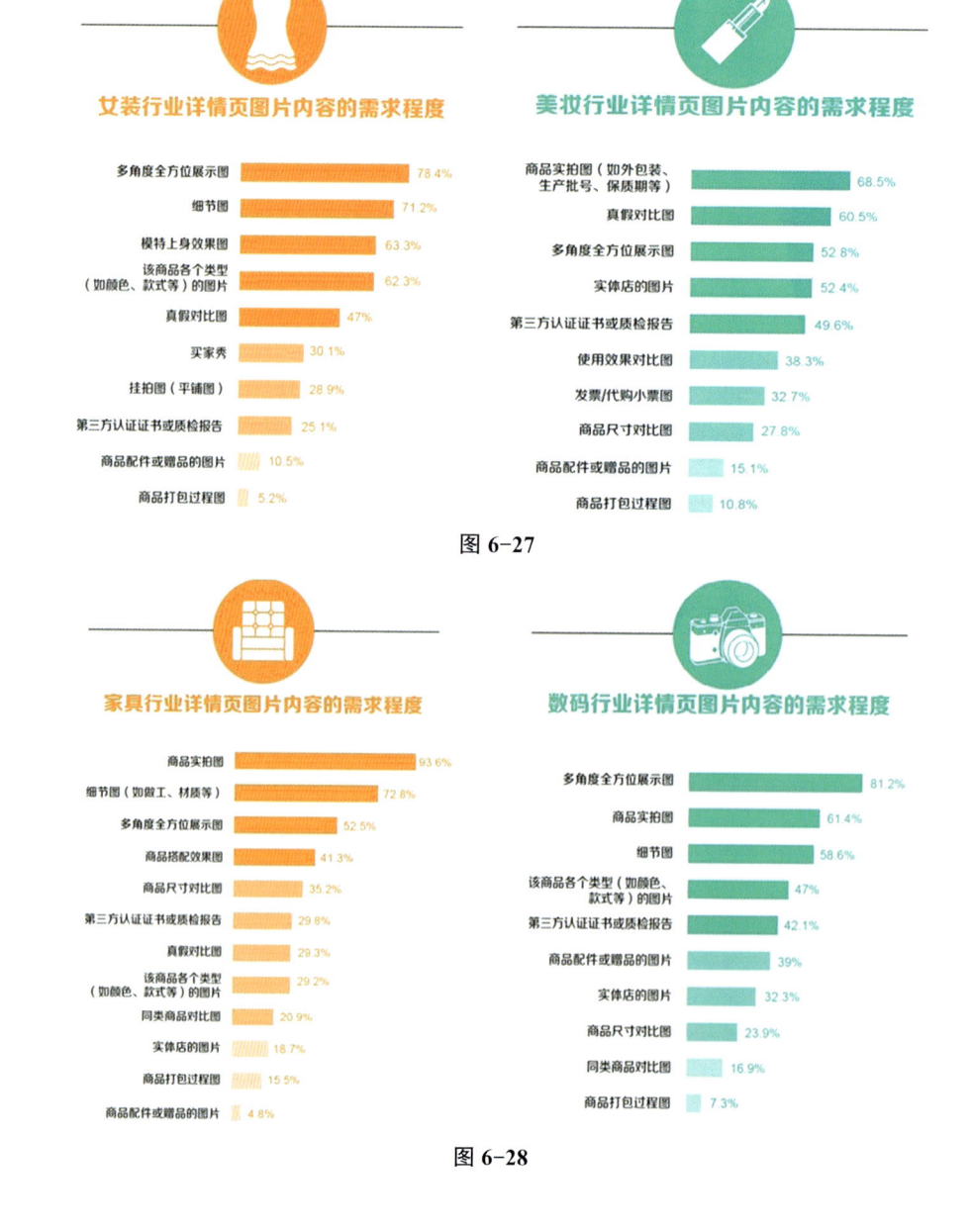

图 6-27

图 6-28

通过以上消费者对于四大典型行业详情页图片内容的需求程度分析，可以总结出以下几点：

（1）不同行业的商品，消费者对于其图片内容的需求程度不同。

（2）根据四大行业详情页图片内容的需求程度前三名的数据，可以发现共性：多角度全方位展示图和细节图排进了前三名。通过以上的图表和数据可以让卖家更好地了解消费者的需求，从而提高转化率。

常用的详情页模块介绍如下。

（1）商品展示模块。详情页首屏一般是商品展示模块，消费者购买宝贝最主要看的是宝贝展示的部分，需要让买家对宝贝有一个直观的感觉，并展示出商品的优势。通常，这个部分是使用图片的形式来展现的，一般分为摆拍图和场景图两种类型，如图6-29所示。

图 6-29

（2）细节展示模块。细节展示也就是展示产品的细节，包括产品的材质、图案、做工、功能等方面。特别是服装方面，比如男T恤，一般会展示T恤的面料（材质）、图案、柔软透气功能。在宝贝展示模块里，买家可以找到产品的大致感觉。当买家有意识想要购买的时候，宝贝细节模块就开始起作用了。细节是让买家更加了解这个商品的主要手段，买家熟悉商品才能对最后的成交起到关键的作用，细节展示模块图如图6-30所示。

（3）规格参数模块。为了方便买家购买商品，需要在详情页里插入产品的规格尺码，让买家对宝贝有正确的预估。如果商品是衣服，规格尺码表中需要包含该衣服的衣长、胸围、肩宽、袖长等，以及买家最关注的尺码，比如小码、中码、大码、加大码等，不同的身高/体重对应的尺码。展示这些信息，方便用户购买，服饰鞋帽类目商品的详情页一般都会有产品规格尺码表，参考图如图6-31所示。

图 6-30

（4）卖点展示模块。卖点展示模块要展示出商品的核心卖点（也就是产品优势），或把商品差异化优势及买家愿意为它买单的卖点（如解决买家的痛点）通过视觉化图片呈现出来。使用这样的呈现方式，商品的卖点更具说服力，参考图如图6-32所示。

图 6-31

（5）活动促销展示模块。详情页还包含活动促销信息。假如你的商品在搞活动，详情页里最好要展示活动的促销信息，包含促销价格和优惠活动信息等，特别是618、双11、双12等重大活动日，都会对商品进行促销。活动促销展示模块在商品决策中起着很重要的作用。参考图如图6-33所示。

图 6-32 　　　　　　　　　　　　　　　　　　　　图 6-33

（6）搭配展示模块。搭配是时下最流行的词，买家在电商平台进行购物已经不仅是购买商品，而是寻找自己的风格。大多数人对于搭配的感觉并不是很敏锐，他们更相信专业店主的搭配推荐。此外，搭配展示还可以让买家一次性购买更多商品，提高转化率，参考图如图 6-34 所示。

（7）购买原因设计模块（好处、逃避痛点及同类商品 PK 设计）。在详情页中，卖家可以加入购买原因设计模块，明确告知买家为什么需要购买商品，或购买商品后能给买家解决什么问题，又或者告知买家商品与同类商品 PK 的优势等内容，给买家一个或多个购买的理由，如图 6-35 所示。

图 6-34 　　　　　　　　　　　　　　　　　　　　图 6-35

（8）关联营销模块。关联营销模块是提升客单价的重要方式，通过关联相关的商品可以有效降低跳失率。关联营销模块后，可以推荐相类似的商品，在买家不满意当前商品时给出更多的商品选择，从而尽可能地留住买家，提高店铺流量转化，如图 6-36 所示。

（9）资质证书模块。通过权威的资质证书呈现商品的专业性，在一定程度上打消买家对商品的购买顾虑（如木材的环保、食品的安全等），促进订单成交。资质证书一般包含质检报告、认证证书等，如图 6-37 所示。

图 6-36 　　　　　　　　　　　　　　　　　　　　图 6-37

（10）包装展示模块。买家在选择商品过程中，产品包装不仅能赢得买家青睐，而且能提高商品的价格。好的产品，一定要有好的包装，好的包装一定取决于好的设计，对商品转化率的提升起着一定的作用，如图6-38所示。

（11）买家反馈信息模块。淘宝详情页还包括了买家反馈信息模块，也就是该产品的好评信息，突出商品的优点，同时也能增强买家对商品的信任，如图6-39所示。

图 6-38　　　　　　　　　　　　　　　图 6-39

（12）购买须知模块。本模块为打消买家的后顾之忧，通过制作购买须知图，告知买家快递、邮费、使用方法、退换货等说明，如图6-40所示。

4. 商品详情页设计原则

（1）详情页的逻辑及设计原则。制作商品详情页时不仅要注意视觉技巧，而且在解决买家实际问题的同时能让买家感到愉悦，因此需要多方面了解买家的需求。在商品详情页设计过程中可遵循下述的说明逻辑图，如图6-41所示，主要从抓住客户眼球，再到最后的促单成交，每个环节都有不同的解决方式。

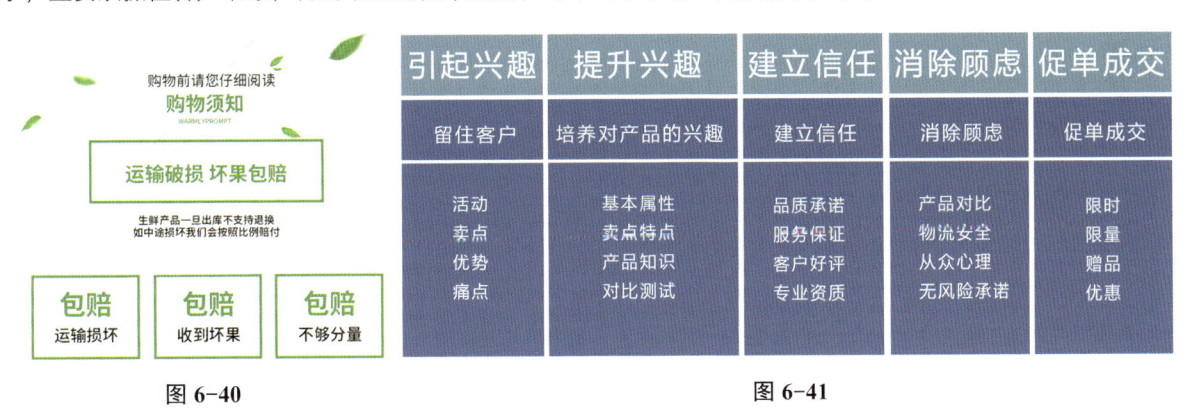

图 6-40　　　　　　　　　　　　　　　图 6-41

设计过程中我们需要遵循以下3个基本原则。

①第一个原则：信息图像化。文字是循序渐进的处理，同时能被记住的只有20%，而图片同步被大脑处理能记住的是100%，因此详情页面的描述应尽可能地图像化。

②第二个原则：高效表达。内容不要过于臃肿，表达要清晰有条理，简单直接。不要影响到页面打开速度，页面载入时间过长，会影响销量。

③第三个原则：掌握买家最关心的点。不同的商品，消费者所需求、所关注的地方不同。设计宝贝详情页之前要充分进行市场调查、同行业调查，规避同款。同时也要做好消费者调查，分析消费者人群，分析消费者的消费能力、消费喜好，以及消费者购买时所关心的问题等。

（2）详情页的尺寸。

以PC端为例，各大电商平台的商品详情页中，都有各自不同的图片尺寸和标准，主流平台详情页图片尺寸见表6-1。

表 6-1

平台	图片宽度/像素	图片高度/像素
淘宝	≤ 750	≤ 1 500
天猫商城	≤ 790	≤ 1 500
京东商城	≤ 790	自定义
速卖通	≤ 790	自定义

淘宝官方对详情页图片的使用建议：图片不宜超过 25 张；图片宽度不宜超过 750 像素，高度不宜超过 1 500 像素；常用的图片格式有 JPG、PNG 和 GIF 动态图片；详情页单图建议 120 KB 左右，高度为 1 500 像素以内的图片最大不宜超过 300 KB。

关于手机端详情页图片，电商平台提供了由 PC 端详情页图片转化为手机详情页图片的功能，在此不做具体介绍。

德技并修

【人生观和价值观：服务人民、奉献社会的人生追求】

在乡村振兴战略背景下，选择"三农"产品水蜜桃作为详情页设计的案例。在设计详情页时，通过对产品的生长环境、绿色品质、地域特色等信息的了解与宣传文案的撰写，增强"三农"意识以及为乡村经济发展贡献力量的自豪感，增强服务农业农村现代化和乡村全面振兴的使命感和责任感，确立服务人民、奉献社会的人生追求。

【职业道德：诚实守信的商道原则】

在设计详情页时，应遵循诚信和客观的原则，确保提供的产品信息真实可靠，不得通过夸大功能、特性等信息来误导消费者，不得通过虚假信息吸引消费者以谋取不当利益，应如实撰写产品规格、特点等信息，如实提供详情页展示的优惠券、服务、快递等承诺。尊重消费者的知情权和选择权，如实拍摄产品实拍图及细节图，不得隐藏或模糊关键信息。可以通过适当的排版、美化和企业实力等手段来提升用户体验和信任度。树立"诚信为先"的经营理念，并养成依法经营、诚实守信、公平竞争的商道原则。

【职业能力：积极创造的创新创意能力、解决实际问题的工作能力】

要根据企业的需求和产品的调性设计详情页模板，要求模块合理完整、色调统一、形式美观。

【职业精神：勇于探索的劳模精神】

在进行详情页模板设计时，不能只局限于自己以前设计的风格，要敢于尝试、勇于探索新风格、新配色、新形式，力争创造出别出心裁的模板，并树立认真的工作作风和一丝不苟的做事态度，养成勇于探索的劳模精神。

第三讲　首屏海报模块设计

步骤解析：

Step 1: 根据天猫店规定的详情页图片大小，新建大小为 790 像素 ×1 300 像素、分辨率为 72 像素/英寸、颜色模式为 RGB 的文件，命名为"详情页"的白色底图，如图 6-42 所示。

Step 2: 添加背景，营造出一种"国风"氛围。打开素材中的"背景 1.JPG"，调整大小，并移动到首屏海报左上角。打开素材中的"背景 2.JPG"，并移动至首屏海报右上角偏下位置，按快捷键 Ctrl+T 调整大小，将"背景 2"图层在"图层"面板的属性栏中的不透明度调为 50%，同时为"背景 2"图层添加图层蒙版，选择画笔工具，选择"柔边缘"画笔，大小设置为 100 像素，硬度为 0%，前景色设置为黑色，在蒙版图层上、下及右侧进行涂抹，使"背景

2"与背景自然融合,最后效果如图 6-43 所示。

Step 3: 为工作区中下方区域添加背景。在工作区中置入素材"背景 3.JPG""背景 4.JPG",调整图片大小、位置和亮度,为两个图层各添加图层蒙版,按照上一步的方法用黑色柔边画笔在蒙版图层进行涂抹,使素材与背景自然融合,最后效果如图 6-44 所示。

图 6-42

图 6-43

图 6-44

Step 4: 打开素材"桃子.PNG",并复制到首屏海报中,按快捷键 Ctrl+T 调整桃子的大小和位置,如图 6-45 所示。

Step 5: 添加文案,按快捷键 T 选择文字工具,依次输入文字"原""生""态""水""蜜""桃""LIJIANG","夏日清凉漓江蜜桃",每个文字一个图层,依次修改文字的字号、颜色、粗细和位置,同时新建一个"文字 1"组,便于将这些文本作为一个整体进行移动等操作,最后效果如图 6-46 所示。

Step 6: 用 Photoshop 打开图片"桃子 2.PNG",使用魔术棒选择白色,用反选操作("选择"|"反向")选中桃子,然后将选择的桃子图形移动到首屏海报文件中,并命名图层为"桃子 2"。选中"桃子 2"图层,按快捷键 Ctrl+U 调出"色相/饱和度"面板,设置色相为 −22、饱和度为 +3、明度为 0,调整桃子的颜色使其更加红润,效果如图 6-47 所示。

Step 7: 选中图层"桃子 2",按快捷键 L 选择套索工具,在属性栏中将羽化值设为 0.5 像素,在左侧桃子上选取一部分复制出来,按快捷键 Ctrl+T 后单击右键,进行水平翻转操作,然后按 V 键用移动工具移动到右侧桃子缺失处,并调整移动图形的大小和位置,按 O 键选择减淡工具,在拼接处涂抹使其衔接得更加自然,效果如图 6-48 所示。

图 6-45 　　　　　　　　　　　　　　　　图 6-46

图 6-47　　　　　　　　　　　　　　　　图 6-48

Step 8：此时的画面左右留白太多，有些空，为了平衡画面，使画面更加饱满，可以为画面添加一些小元素。按 U 键选择直线工具，对直线工具属性栏进行设置，填充设置为粉色（按住 Alt 键可以吸取桃子的粉色）、描边设置为无、粗细设置为 3 点，画一些角度为 45°、长短不一的直线，效果如图 6-49 所示。

Step 9：按 U 键选择圆角矩形工具绘制一个圆角矩形，在工具属性栏中设置填充为粉色、描边为无、半径为 60 像素，按 T 键使用文本工具在圆角矩形上方添加文本"香甜丰盈肉肥"，并调整大小，效果如图 6-50 所示。

Step 10：打开素材"叶子.PSD"，将叶子图层置入商品展示大图工作区，调整其大小和位置，如图 6-51 所示。

图 6-49 　　　　　　　图 6-50 　　　　　　　图 6-51

第四讲　产品参数模块设计

步骤解析：

Step 1：在首屏海报下面制作产品参数模块。选择矩形选框工具，填充枚红色（#ec385c），设置宽度为700像素、高度为500像素，绘制一个矩形，命名为"矩形1"，如图6-52所示。

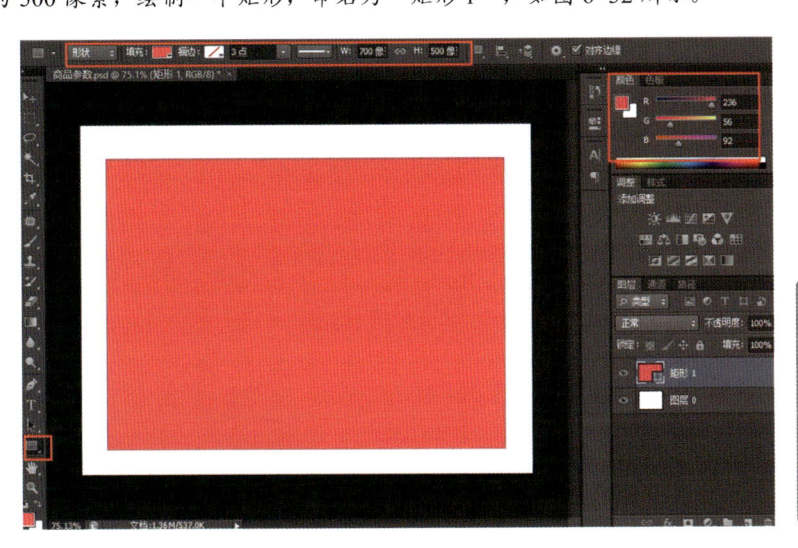

图 6-52

Step 2：选中"矩形1"图层，单击右键选择"栅格化图层"选项，然后执行"滤镜"|"扭曲"|"波浪"命令，具体参数设置如图6-53所示。

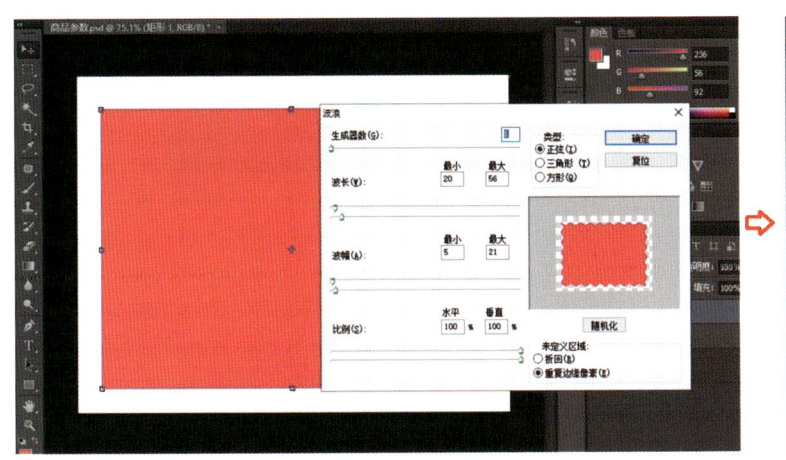

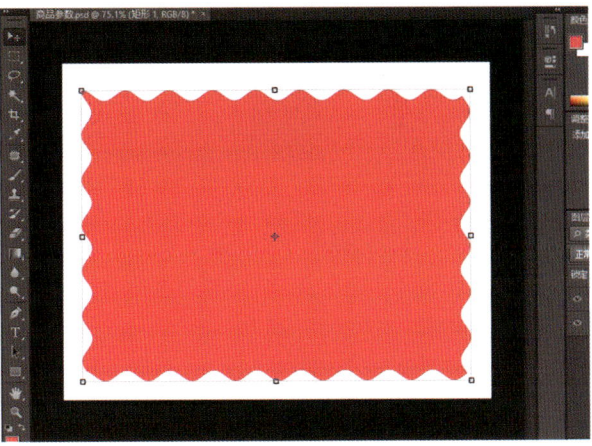

图 6-53

Step 3：选中"矩形1"图层，按快捷键Ctrl+T调出自由变换命令，在按快捷键Shift+Alt的同时，选中顶角的锚点进行放大，直至左右两侧的波浪线移至画布之外，如图6-54所示。

Step 4：选择文字工具，输入"产品参数""product information"，通过"字符"面板调整文字的字体、字号、颜色，英文通过"小型大写字母"属性将小写转换成大写。选择移动工具，同时选中两个文字图层和背景图层，通过移动工具属性"水平居中对齐"使文字居中，如图6-55所示。

Step 5：选择矩形选框工具，填充白色，绘制一个白色矩形。产品参数模块选择"左图右文"的构图形式，即左边放产品图，右边放产品参数。选择移动工具，同时选中白色矩形图层和背景图层，单击属性"水平居中对齐"，使白色矩形左右对称。选择文字工具，在白色矩形右侧输入产品参数，通过"字符"面板调整文字的字体、字号、颜色、加粗、下划线等参数，通过移动工具的"左对齐"属性使产品参数信息左对齐，如图6-56所示。

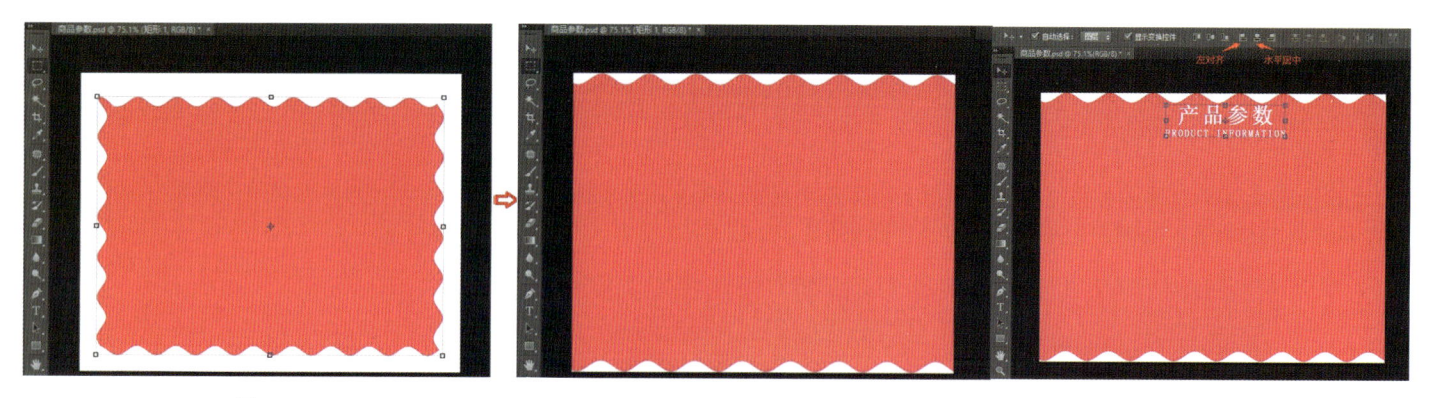

图 6-54　　　　　　　　　　　　　　　　　　　　图 6-55

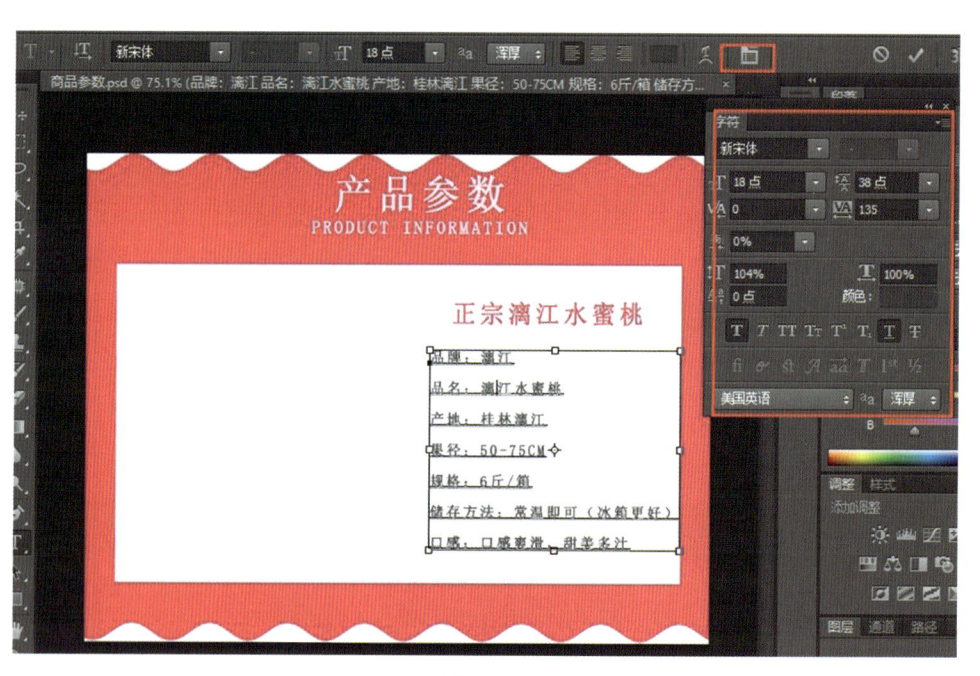

图 6-56

Step 6： 将素材"桃子3.JPG"置入工作区中，通过魔术棒工具抠图，去除产品图片中的白色，将桃子移至产品参数模块的左侧，按快捷键Ctrl+T调出自由变换命令，调整桃子的位置、大小，然后按快捷键Ctrl+U调整色相及亮度，如图6-57所示。

图 6-57

第五讲　产品卖点模块设计

步骤解析：

Step 1：在"产品参数模块"下面制作"产品卖点模块"。选择钢笔工具，将工具栏属性设置为"形状"，然后利用钢笔工具绘制一个如图6-58所示的叶子形状，导入文件"桃子4.JPG"，置于绘制的叶子形状图层上方，图层命名为"桃子4"。选中"桃子4"图层，单击右键选择"创建剪切蒙版"命令，按快捷键Ctrl+T调出自由变换命令，调整桃子的大小及位置。选择文字工具，新建组命名为"三大理由"，在组内新建"选择我们的三大理由"等文字，设置文字的字体、字号、颜色及位置，如图6-58所示。

Step 2：选择椭圆选框工具，填充设置为白色，描边设置为枚红色（#ec385c）、粗细设置为10点，按Shift键绘制出一个正圆，命名为"圆"。导入"桃子5.JPG"，并置于图层"圆"上方，图层命名为"桃子5"，选中"桃子5"图层，单击右键选择"创建剪切蒙版"命令，按快捷键Ctrl+T调出自由变换命令，调整桃子的大小及位置。选择文字工具，新建"[甜]"等文字，设置文字的字体、字号、颜色及位置。最后新建一个组，命名为"圆环1"，将本步骤新建的所有图层都置于新建的组"圆环1"中，如图6-59所示。

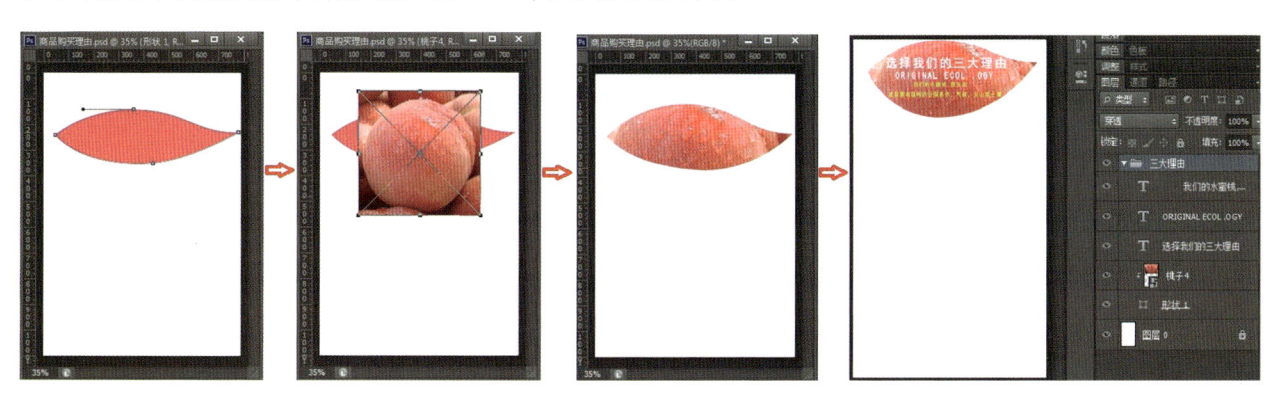

图 6-58

图 6-59

Step 3：选中组"圆环1"，按快捷键Ctrl+J复制出2个副本，分别重命名为"圆环2"和"圆环3"。选择移动工具，勾选属性栏中的"自动选择"复选框，选择"组"，将组"圆环2"和"圆环3"移动到下方。同时选中组"圆环1""圆环2"和"圆环3"，通过移动工具属性"左对齐"和"垂直居中分布"使3个组左对齐，并均匀分布，如图6-60所示。

Step 4：替换组"圆环2"和"圆环3"中圆环里的图片，并修改文案内容。将组"圆环2"中的图片和文案的位置左右对调，形成"左文右图"的构图方式，使整个产品卖点模块的构图方式更加错落有致、生动灵活，完成的最终效果，如图6-61所示。

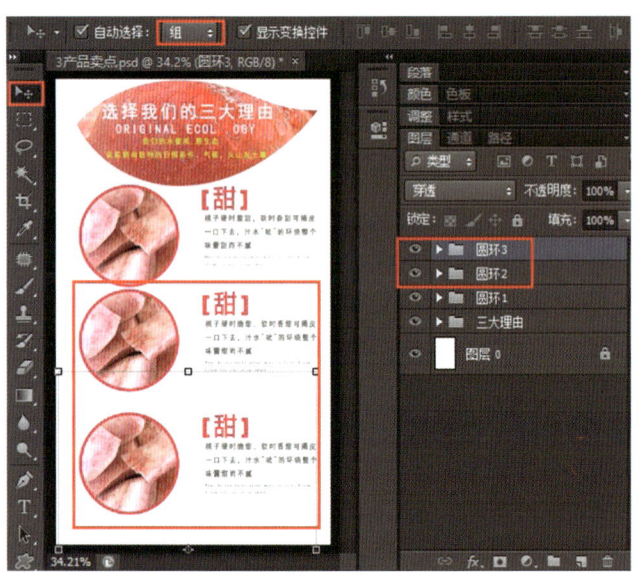

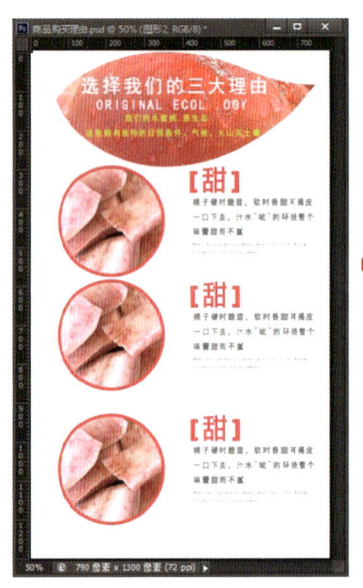

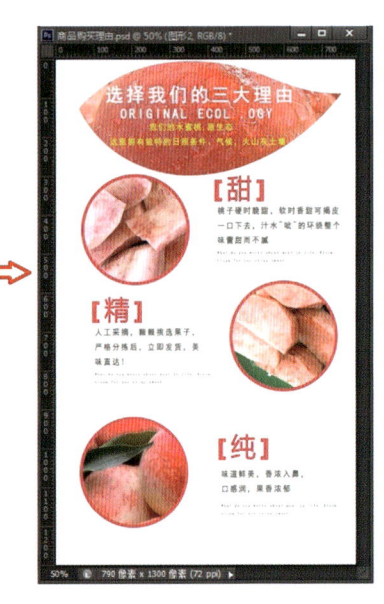

图 6-60

图 6-61

第六讲　痛点分析模块设计

步骤解析：

Step 1： 在卖点分析模块下面制作痛点分析模块。选择矩形选框工具，填充枚红色（#ec385c），设置宽度为700像素、高度为500像素，绘制一个矩形，命名为"矩形1"，如图6-62所示。

Step 2： 选中"矩形1"图层，单击右键选择"栅格化图层"命令，然后执行"滤镜"|"扭曲"|"波浪"命令，具体参数设置如图6-63所示。

Step 3： 选中"矩形1"图层，按快捷键Ctrl+T调出自由变换命令，在按快捷键Shift+Alt的同时，选中顶角的锚点进行放大，直至左右两侧的波浪线移至画布之外，并移动图形到靠上位置，得到如图6-64所示图形。

Step 4： 选择文字工具，输入"生活里的吃，您最担心什么"等文案，通过"字符"面板调整文字的字体、字号、颜色。选择移动工具，同时选中两个文字图层和背景图层，通过移动工具属性"水平居中对齐"使文字居中并对齐，如图6-65所示。

> 详情页模块四：痛点
> 分析步骤解析

Step 5： 选择直线工具，填充设置为灰色（#535353）、描边设置为无、粗细设置为1像素；按Shift键绘制两条水平直线，重命名为"直线1""直线2"。同时选中英文所在的图层和"直线1""直线2"图层，通过移动工具属性"垂直居中对齐""水平居中分布"使其对称，如图6-66所示。新建组，命名为"标签"，将文字图层"生活里的吃，您最担心什么"及下面的英文和2条直线移动到组内，方便后面同类型模块的复制。

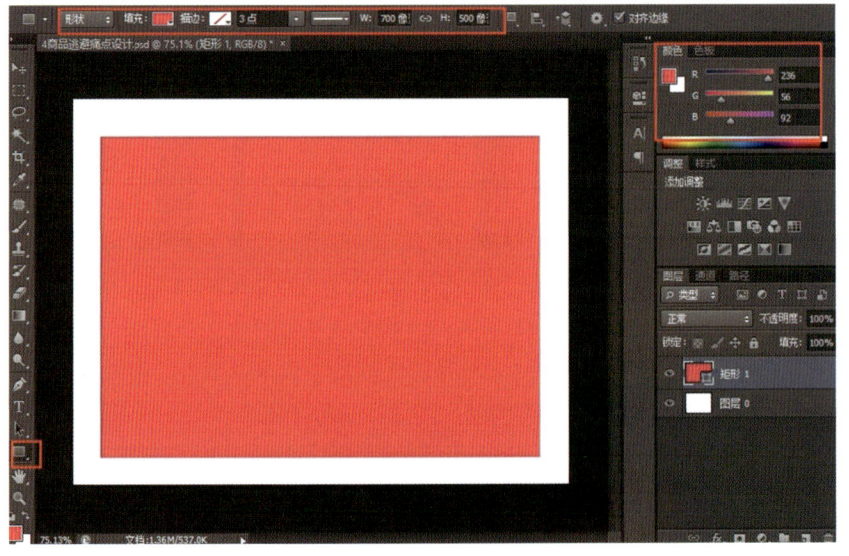

图 6-62

项目六　商品详情页设计　143

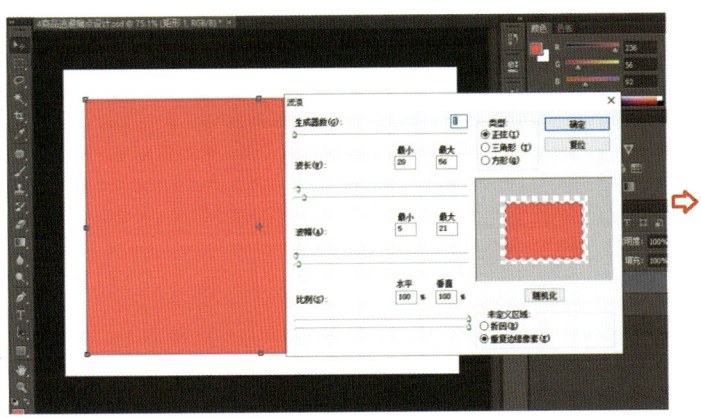

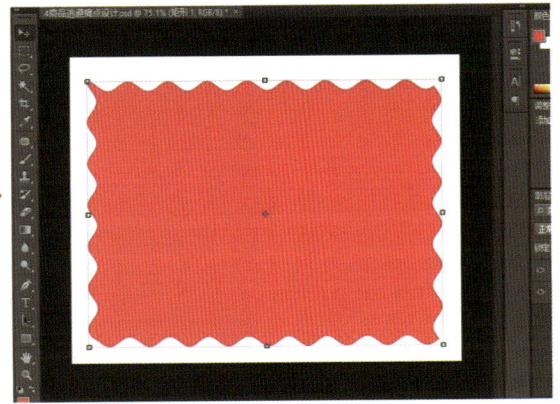

图 6-63

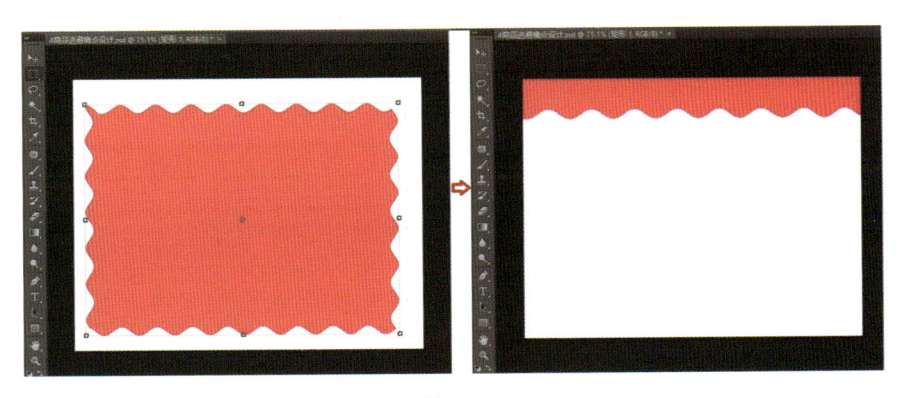

图 6-64

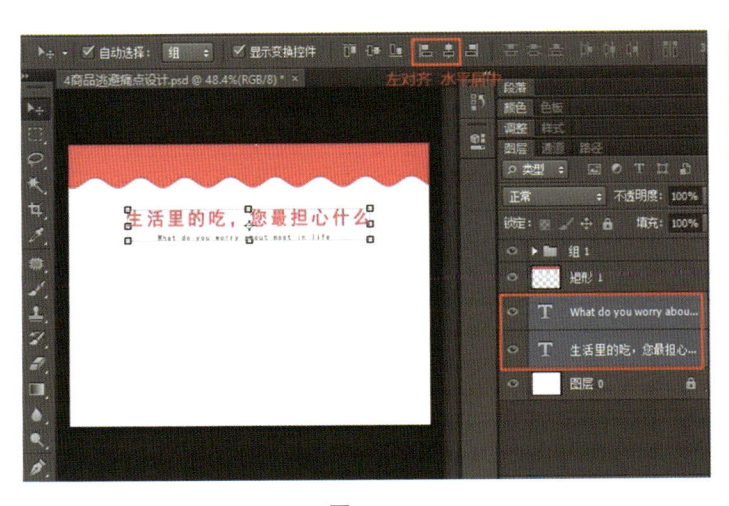

图 6-65　　　　　　　　　　　　　　　　　　　图 6-66

  Step 6：选择圆角矩形工具，绘制一个圆角矩形，半径设置为 90 像素，填充设置为枚红色（#ec385c）。选择文字工具，分别新建文字"我们的水果很安全，为您的健康着想"和"四大危害"，设置文字的字体、字号、颜色和位置，同时选中圆角矩形图层、2 个文字图层和背景图层，通过移动工具属性"水平居中对齐"，使文字居中对齐、左右对称，如图 6-67 所示。

  Step 7：选择自定义形状工具，前景色设置为枚红色（#ec385c），选择"窄边圆形边框"，按 Shift 键绘制出一个圆环，选中圆环所在图层，单击右键，选择"栅格化图层"命令，如图 6-68 所示。

  Step 8：选择钢笔工具，在属性栏中选择"形状"，填充设置为枚红色（#ec385c），用钢笔工具绘制如图 6-69 所示的不规则图形，并将图层命名为"不规则图形 1"。选择文字工具，新建"01""农药多"等文字，设置文字字体、字号、颜色和位置。新建组命名为"痛点 1"，将上一步中绘制的圆环和本步骤中新建的所有图层都置于组"痛点 1"中，效果如图 6-69 所示。

图 6-67

图 6-68

图 6-69

Step 9: 选中组"痛点1",按快捷键 Ctrl+J 复制出 3 个副本,分别重命名为"痛点2""痛点3"和"痛点4"。选择移动工具,勾选属性栏中的"自动选择"复选框,选择"组",按 Shift 键水平移动组"痛点2""痛点3"和"痛点4"。同时选中组"痛点1""痛点2""痛点3"和"痛点4",通过移动工具属性"水平居中分布",使 4 个组均匀分布,修改"痛点2""痛点3"和"痛点4"的文案,如图 6-70 所示。

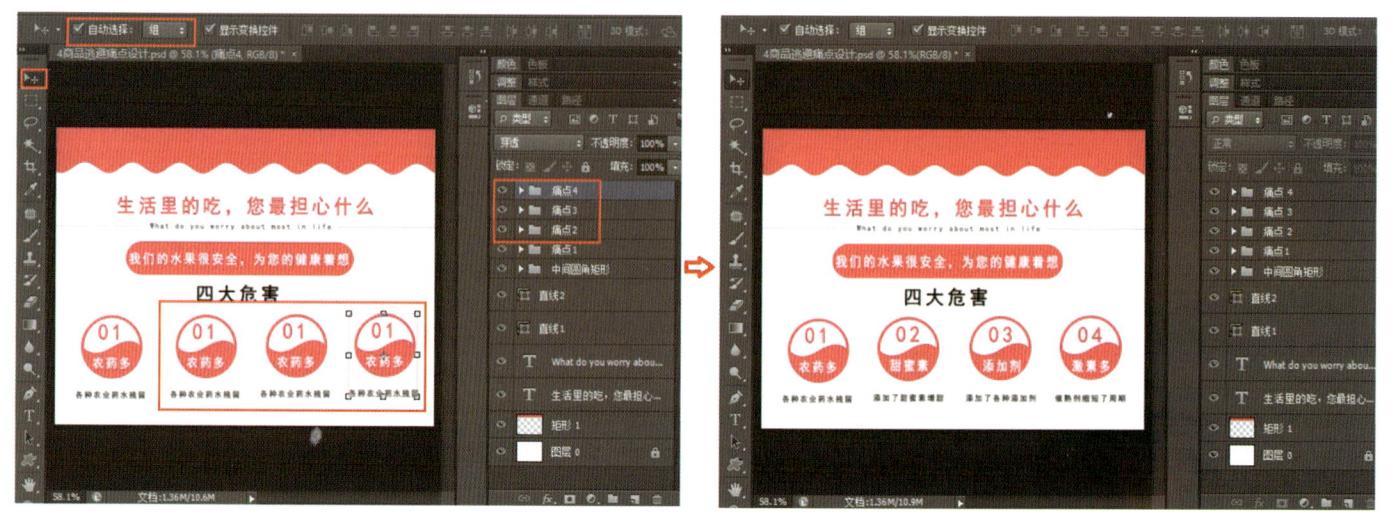

图 6-70

第七讲　产品特点模块设计

步骤解析：

Step 1： 在产品实拍模块下面制作产品特点模块，选中痛点分析模块中的组"标签"，按快捷键 Ctrl+J 复制出 1 个副本，得到"标签副本 2"。选择移动工具，勾选属性栏中的"自动选择"复选框，选择"组"，按住 Shift 键垂直移动组"标签副本"到产品实拍模块的下方，然后修改组"标签副本 2"里的中文和英文文案，如图 6-71 所示。

Step 2： 选择椭圆选框工具，填充设置为白色，描边设置为玫红色（#ec385c）、粗细设置为 10 点，按 Shift 键绘制出一个正圆，命名为"椭圆 1"，如图 6-72 所示。

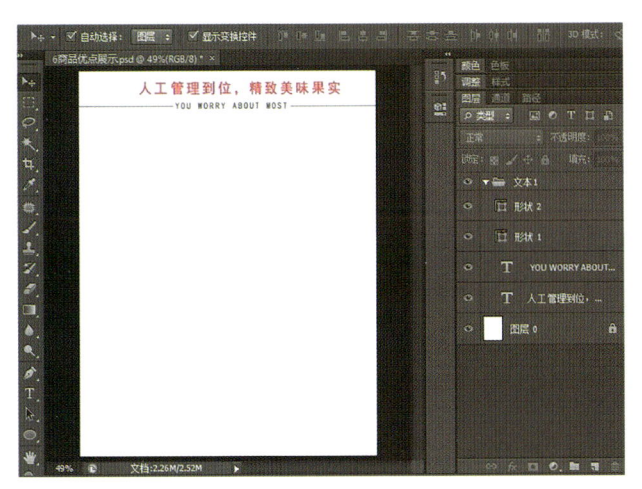

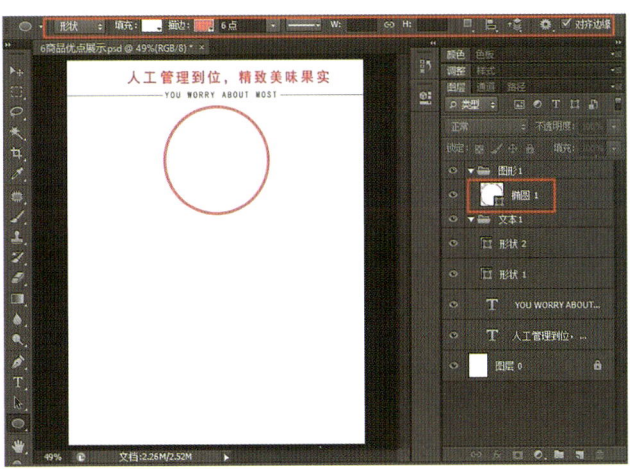

详情页模块五：产品特点模块设计

图 6-71　　　　　　　　　　图 6-72

Step 3： 导入素材"背景 5.JPG"，并置于图层"椭圆 1"上方，图层命名为"背景 5"，选中"背景 5"图层，单击右键选择"创建剪切蒙版"命令，按快捷键 Ctrl+T 调出自由变换命令，调整图片的大小及位置，如图 6-73 所示。

Step 4： 选中组"特点 1"，按快捷键 Ctrl+J 复制出 1 个副本，重命名为"特点 2"，选择移动工具，移动组"特点 2"到左下方，按快捷键 Ctrl+T 调出自由变换命令，按 Shift 键进行缩小，调整组"特点 2"的大小及位置，并替换组"特点 2"内的图片，新建文字"优质精选"，并将图层移到组"特点 2"内。

Step 5： 选中组"特点 2"，按快捷键 Ctrl+J 复制出 3 个副本，分别重命名为"特点 3""特点 4"和"特点 5"。选择移动工具，勾选属性栏中的"自动选择"复选框，选择"组"，按 Shift 键移动组"特点 3""特点 4"和"特点 5"，分别修改组"特点 3""特点 4"和"特点 5"内的文字和图片。通过移动工具"水平居中对齐"等属性使 4 个组均匀分布，如图 6-74 所示。

图 6-73　　　　　　　　　　图 6-74

第八讲 产品细节模块设计

步骤解析：

Step 1： 在产品特点模块下面制作产品细节模块，选中痛点分析模块中的组"标签"，按快捷键 Ctrl+J 复制出 1 个副本，得到"标签副本 3"。选择移动工具，勾选属性栏的"自动选择"复选框，选择"组"，按 Shift 键垂直移动组"标签副本 3"到产品细节模块的下方，然后修改组"标签副本 3"里的中文和英文文案，如图 6-75 所示。

Step 2： 选择椭圆工具，填充设置为玫红色（#ec385c），描边设置为白色，粗细设置为 6 点，按 Shift 键进行绘制，绘制出一个正圆，命名为"圆环 1"，右键单击选择图层"圆环 1"，弹出"混合选项"对话框，在选项中勾选"投影"，效果如图 6-76 所示。

图 6-75　　　　　　　　　　　　图 6-76

Step 3： 选择文字工具，新建文字并置于圆的上方。新建组，命名为"展示 1"，将文本和圆环置于组"展示 1"中，效果如图 6-77 所示。

Step 4： 导入素材"桃子 12.JPG"，按快捷键 Ctrl+T 调出自由变换命令，调整图片的大小及位置；选择文字工具，新建文字，调整文字的字体、字号、大小及位置，最后将本步骤新建的所有图层置入组"展示 1"中，效果如图 6-78 所示。

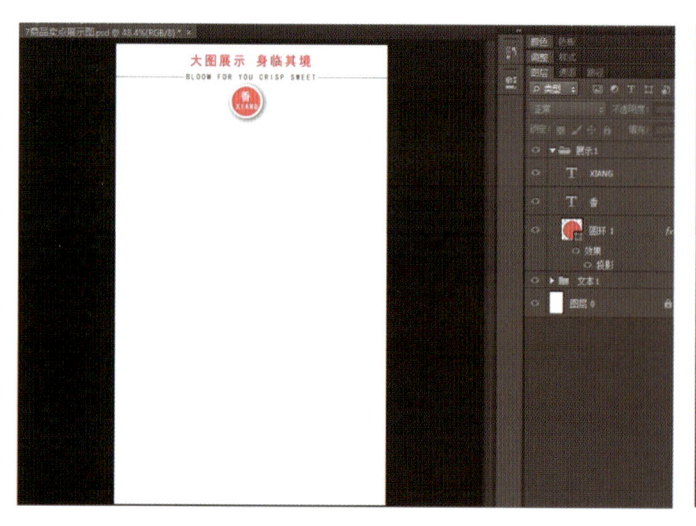

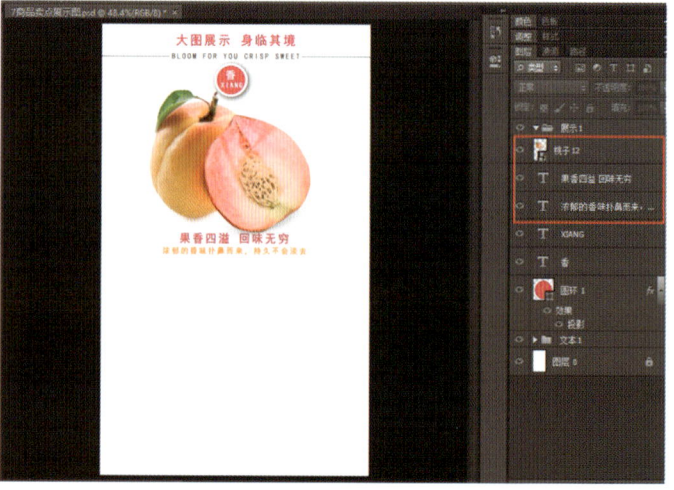

图 6-77　　　　　　　　　　　　图 6-78

Step 5： 选中组"展示 1"，按快捷键 Ctrl+J 复制出 1 个副本，重命名为"展示 2"。选择移动工具，勾选属性栏中的"自动选择"复选框,选择"组",按 Shift 键垂直移动组"展示 2"。修改组"展示 2"内的文字,用素材中的"桃子 13.JPG"替换组"展示 2"内的图片,最后效果如图 6-79 所示。

图 6-79

第九讲　产品实拍模块设计

步骤解析:

Step 1: 在痛点分析模块下面制作产品实拍模块,选中痛点分析模块中的组"标签",按快捷键 Ctrl+J 复制出 1 个副本,得到"标签副本"。选择移动工具,勾选属性栏中的"自动选择"复选框,选择"组",按 Shift 键垂直移动组"标签副本"到痛点分析模块的下方,然后修改组"标签副本"里的中文和英文文案,如图 6-80 所示。

Step 2: 按 U 键选择矩形工具,按 Shift 键进行绘制,绘制出一个正方形,导入素材"桃子 6.JPG",按快捷键 Ctrl+T 调出自由变换命令,调整桃子的大小,在桃子图层右键单击,创建剪切蒙版。选择椭圆工具,填充设置为玫红色(#ec385c),按 Shift 键进行绘制,绘制出一个正圆,命名为"圆形 1"。选择文字工具,新建"01"等文字,并设置文字的字体、字号、颜色、粗细、排列方式等属性。新建组,命名为"展示 1",将本步骤中新建的所有图层都置于组"展示 1"中,效果如图 6-81 所示。

Step 3: 选中组"展示 1",按快捷键 Ctrl+J 复制出 1 个副本,重命名为"展示 2"。选择移动工具,勾选属性栏中的"自动选择"复选框,选择"组",按 Shift 键垂直移动组"展示 2"。对组"展示 2"内的文字和图片进行左右对调,如图 6-82 所示,使其构图方式变成"左文右图",使整个实拍图模块的构图方式更加错落有致。修改组"展示 2"内的文字,导入素材"桃子 7.JPG",替换组"展示 2"内"桃子 6"的图片,具体效果如图 6-82 所示。

详情页模块七:产品实拍模块设计

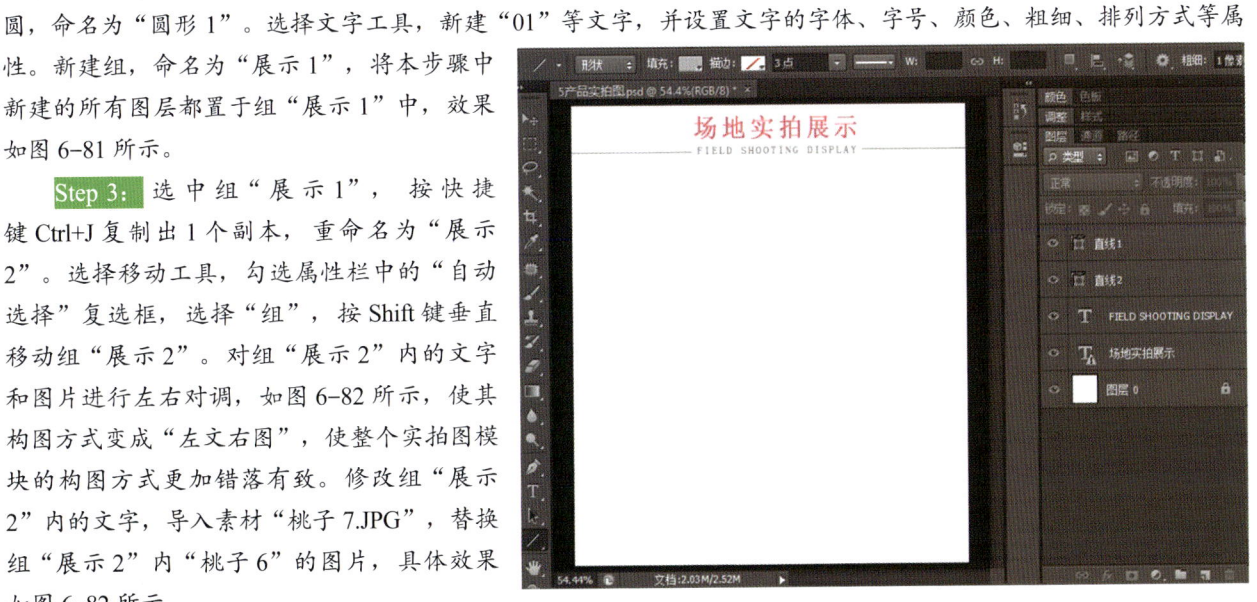

图 6-80

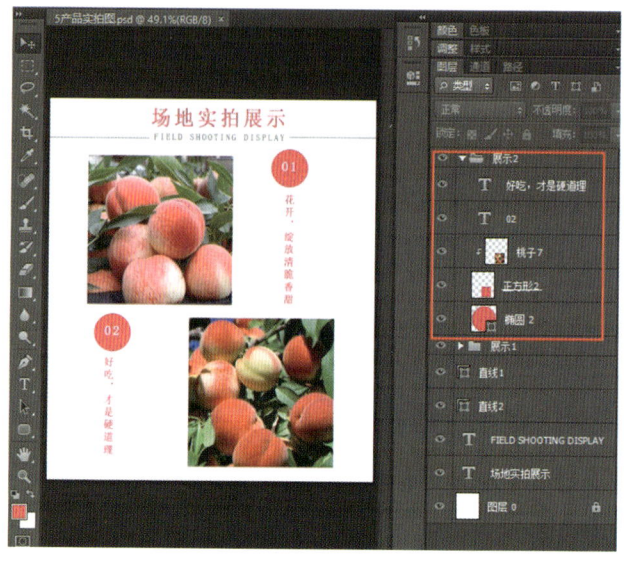

图 6-81　　　　　　　　　　　　　　　图 6-82

第十讲　食用方法模块设计

步骤解析：

Step 1：在产品细节模块下面制作食用方法模块，复制痛点分析模块的图层"矩形1"，重命名为"矩形"，选择文字工具，新建文字"食用方法展示"置于"矩形"上方，同时选择文字和背景图层，选择移动工具属性"水平居中对齐"，使文字居中。新建组，命名为"矩形1"，将文字和"矩形"置于组内，如图6-83所示。

Step 2：选择圆角矩形工具，填充设置为玫红色（#ec385c），描边设置为白色，粗细设置为10点，绘制出一个圆角矩形，命名为"圆角矩形1"，选择文字工具，新建文字"乳制品饮料"。新建组，命名为"方法1"，将"圆角矩形1"和文字置于组内，如图6-84所示。

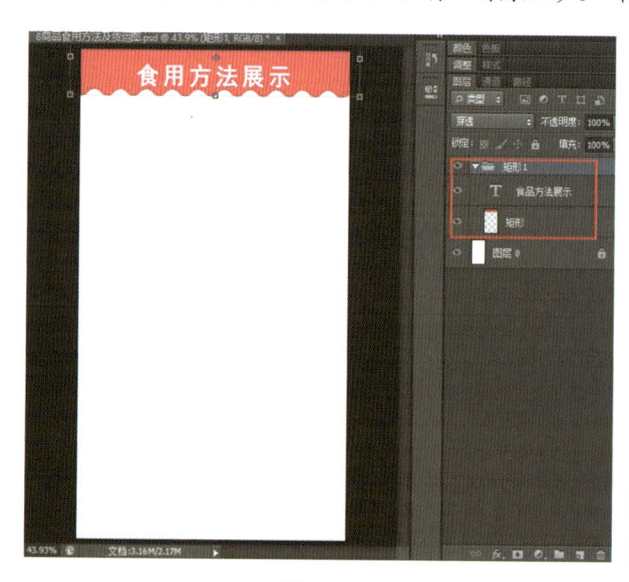

图 6-83　　　　　　　　　　　　　　　图 6-84

Step 3：导入素材"乳制品饮料、冷饮系.JPG"，并置于"圆角矩形1"图层上方，按快捷键Ctrl+T调整"乳制品饮料、冷饮系"图形大小、位置，然后右键单击选中"乳制品饮料、冷饮系"图层，创建剪贴蒙版；将步骤3和步骤4中新建的图层都置于新建的"方法1"组中，如图6-85所示。

项目六　商品详情页设计　149

Step 4：选中组"方法1"，按快捷键Ctrl+J复制出2个副本，分别重命名为"方法2"和"方法3"。选择移动工具，勾选属性栏中的"自动选择"复选框，选择"组"，按Shift键水平移动组"方法2"和"方法3"，分别修改组"方法2"和"方法3"内的文字和图片。通过移动工具"水平居中对齐"等属性使3个组均匀分布，如图6-86所示。

图 6-85　　　　　　　　　图 6-86

第十一讲　关于快递模块设计

步骤解析：

Step 1：在食用方法模块下面制作关于快递的模块，复制食用方法模块中的组"矩形1"，得到组"矩形1副本"，按Shift键垂直移动组"矩形1副本"到食用方法模块下方，修改组"矩形1副本"内的文字，如图6-87所示。

Step 2：导入素材"空运1.jpg""空运2.jpg"，并调整图片的大小和位置，选择文字工具，新建文字。新建组，命名为"空运"，将本步骤所有图层置于组内，如图6-88所示，选择组"空运"的所有图层，通过移动工具的"水平居中对齐"和"垂直均匀分布"属性使图片和文字居中并均匀分布。

图 6-87　　　　　　　　　图 6-88

PROJECT SEVEN

项目七 网店视觉首页设计

◆ **知识目标**

1．掌握首页的框架结构；
2．掌握首页的设计规范；
3．掌握首页的设计思路；
4．掌握首页常见模块的设计要点。

◆ **能力目标**

1．能够熟练地处理和美化商品图片；
2．具有一定的文案提炼能力，能够根据产品的特性，提炼出产品的特点和卖点，设计出具有营销性的文案；
3．具备一定的设计能力，能够根据产品的调性设计出符合产品调性的首页。

◆ **素质目标**

1．树立认真的工作作风、一丝不苟的做事态度；
2．培养审美素养；
3．培养版权意识；
4．培养诚实守信的职业道德；
5．培养精益求精的工匠精神；
6．培养独立思考、综合利用所学工具解决美工岗位实际问题的能力。

第一讲 首页概述

典型工作任务：为化妆品设计一款首页

任务解析：

用提供的素材，为一家化妆品淘宝店铺设计一款首页，首页应包含店招、导航、海报、优惠券、分类、促销区、产品推荐区、页尾等模块。要求风格统一、图文混排、形式美观，起到品牌宣传、分流导航和提高转化的作用，应适当营销，宣传语不允许过分夸张。效果如图 7-1 所示。

图 7-1

知识点讲解：

1. 首页概述

店铺首页是进入店铺后出现的第一个页面，主要用于展示当前时间段最为重要的内容，根据其内容和功能分为几个相互独立又相互依存的模块。各模块之间既相互关联，又互不影响。常见的模块包括店招、导航、海报、优惠券、分类、促销区、产品推荐区、页尾等，店主可以根据自己的需要增添一些商品推广模块，决定自己的首页布局。

2. 首页的作用

淘宝店铺是在虚拟的网络环境中进行交易的，首页是一个店铺的门面，是客户第一眼看到的部分，承载了展示产品和企业文化、彰显品牌调性和企业实力等非常重要的功能。一个好的首页不仅能够让客户对店铺的产品和活动有所了解，还能够让客户对企业文化、企业实力有所了解，因此店铺首页有着展示店铺产品、分流导航、提高转化率、宣传品牌、展示企业实力、塑造企业形象等诸多作用。

3. 首页模块介绍

了解各个模块的功能和特点能够帮助淘宝美工在设计店铺首页的时候有据可依，使首页同时兼具美观和实用的功能，接下来介绍首页常见的几个模块。

模块一：店招模块设计

店招位于淘宝官方介绍板块下面，类似于店铺的门头，在形式上相当于线下店铺的招牌，在实际使用过程中会一直显示在各个页面的最上方。

1. 店招的作用

店招位于页面顶端，是店铺品牌展示的重要窗口，也是买家对店铺印象的重要来源，设计精美的店招对于卖家店铺形象塑造和品牌定位打造具有不可替代的作用。好的店招能够让消费者在第一时间记住店铺的主要信息，起到宣传和推荐的作用。

2. 店招的内容

店招的内容一般包括 Logo、关注、广告语、导航，另外可以根据店铺的实际情况选择添加优惠券、主推款展示、售后保障、收藏本店等信息。导航位于店招的最下方，内容一般包括首页、所有商品、店铺分类、品牌故事等，导航栏中的内容和分类可以根据店铺实际情况自定义设置，是店铺产品的分类引导，方便用户迅速找到想要的商品，如图7-2、图7-3所示。

图 7-2

图 7-3

3. 店招的分类

（1）按尺寸分。从尺寸大小上店招分为常规店招和通栏店招两种。

①常规店招：常规店招是淘宝店铺最常用的店招，天猫店铺宽度为990像素，淘宝店铺宽度为950像素，将常规店招上传到电商店铺页面后，店招两侧将会显示背景。

②通栏店招：通栏店招是淘宝旺铺中使用较多的尺寸，宽度为1 920像素，其中中间可编辑部分为主要信息显示区域，天猫店铺为990像素，淘宝店铺为950像素，左右剩下的部分需要通过设置页头背景显示出来。

不带导航的店招高为120像素，带导航的店招高为150像素。

（2）按功能分。根据功能可将店招分为常见的4类：品牌宣传为主型、活动促销为主型、产品推广为主型、目录导航为主型。

①品牌宣传为主型：这一类型的店招以品牌宣传为主要目的，一般不放置促销活动内容，而是将品牌的Logo

放置在最醒目的位置，目的是引起消费者的注意，如图 7-4 所示。

图 7-4

②活动促销为主型：这一类型的店招以店铺的活动推荐为主要目标，在店招设计中，品牌的 Logo 展示为次要，主要展示现有的活动促销、爆款商品等，如图 7-5 所示。

图 7-5

③产品推广为主型：产品推广为主型的店招主要展示本店的主推产品，是一种以展示商品为主的店招类型，如图 7-6 所示。

图 7-6

④目录导航为主型：这一类型的店招以为方便买家购买为目的，主要的作用是分流。买家在点入店铺以后通过这一类型的店招能够快速找到所需商品，完成转化，如图 7-7 所示。

图 7-7

4. 店招的格式规范

店招的格式通常有 3 种：jpeg、png、gif。其中 jpeg、png 为静态店招，而 gif 为动态店招。

模块二：首屏海报模块设计

在店铺首页中，首屏海报占据了第一屏的大部分位置，是顾客进入首页最先看到的内容，常用来展示整店活动海报或单品利润里最高的单品海报，具有宣传、导航和展示品牌实力的作用。如图 7-8 所示。淘宝大数据统计显示，首屏海报是整个淘宝首页浏览量最高的板块，是店铺首页最重要的模块。

1. 尺寸

为了能够在第一屏展示完整的整个海报，给用户好的视觉体验，首页首屏海报的高度一般不高于 600 像素。常规首页天猫店铺的宽度是 990 像素，淘宝店铺的宽度是 950 像素。通栏首页海报宽度则为 1 920 像素，通栏海报在后期店铺装修的时候要通过全屏代码进行装修。

2. 设计的原则

在设计一张海报之前，首先要明确设计的要求和目的，才能制作出符合主题调性的海报。

（1）海报色调与页面整体色调需统一。在设计海报时需要先根据页面整体色调确定海报的大概色调，需要尽量避免与主色调产生强烈对比。如果出于设计需求必须使用对比色等具有强烈冲突感的颜色设计海报时，要考虑通过形状、降低纯度、添加图案等方式降低冲突感。

（2）海报风格与页面整体风格需统一。和海报颜色一样，海报的设计风格也应与页面整体风格一致。如果二者不一致，轻则有跳脱感，重则会给卖家因设计敷衍进而怀疑品牌实力的感觉。

（3）文案字体一般不超过 3 种。在设计首页海报时，一般需要包括背景、口号或标语、产品等元素，其中口号或标语一般分为主标题、副标题、说明性文字等。在文案设计中，需要使用不同的字体、字号区分主标题、副标题或说明性文字。另外，不同的字体和字号也有助于提升设计感和阅读流畅感。但是需要注意，在设计时，所使用的字体一般不超过 3 种，否则会使画面显得凌乱，丧失整体感。如果为了突出显示某些内容，可以尝试使用粗体、加入装饰、使用颜色或文案等手法。

3. 设计思路

淘宝店铺首页大海报在传达店铺信息中占据了很重要的位置，所以店家想要以大海报来吸引买家注意力，就要将海报设计得出类拔萃。

方法一：主推单品，只为打造店内爆款。比如如图 7-8 所示的这款医疗口罩海报模板，主推 KN95 口罩，只为更好地引流，成功爆单。

图 7-8

方法二：主推活动促销，将流量顺利转移到活动详情页，提高活动成效。比如图 7-9 所示的这款家装节家具促销海报，主推打折促销活动，引导受众向活动详情页进军。

图 7-9

方法三：日常上新推荐，这可是作为日后重点打造的爆款，比如图 7-10 所示的这款手机新品海报，设计中以炫酷的产品图片和加粗加大的主标题营造氛围，为新品上市造势。

图 7-10

方法四：增强海报的视觉效果。如图 7-11 所示的这款女装海报，主题和产品图片都放置在海报中央最显眼的位置，再搭配不同颜色的方框背景叠加，构成了纵深感和空间感，吸睛效果更佳。

方法五：借用热点事件，或是节假日蹭热度、蹭流量。如双 11、双 12、情人节、妇女节、端午节及中秋节（图 7-12）等。

图 7-11

图 7-12

模块三：优惠券模块设计

淘宝优惠券是淘宝的一种促销方式，类似于线下的促销打折。

1. 类型

（1）店铺优惠券：店铺优惠券可在淘宝店铺中的所有商品中使用；

（2）商品优惠券：商品优惠券只能在活动商品中使用；

（3）VIP 专享优惠：仅加入店铺 VIP 的消费者才能使用；

（4）活动跨店满减优惠券：订单总金额满足使用条件即可使用，可购买多家店铺的商品。

2. 设计原则和方法

设计优惠券之前，需要考虑优惠券的一些使用细节。

（1）领取门槛：这个优惠券给谁用？比如是谁都能使用的普通优惠券，还是给新用户用的新用户优惠券？

（2）领取方式：用户通过什么方式领取？需要提供哪些方式？比如扫码领取、系统推送、短信发送等。

（3）可见范围：计划用在哪些方面？比如是所有商品，还是某一类的商品等。

（4）使用条件：该优惠券在什么条件下使用？比如是无门槛使用，还是要满减或折扣等。

（5）有效期：该优惠券的有效期是长期还是某个具体的时间点等。

针对以上不同的使用和适用场景，店铺内的优惠券一般会出现在店铺海报下方、店铺某个商品详情页中以及店铺 VIP 页面中。在设计优惠券时就需要根据不同的位置和不同的功能有针对性地调整设计的侧重点。

（1）店铺海报下方：这个位置出现的优惠券一般是整个店铺通用的满减优惠券和会员优惠的引导页面。因此，在这个部分的优惠券设计中以简洁明了为主，顾客在领取完优惠券后继续浏览下一屏的热销商品或主推商品页面。

（2）店铺某个商品详情页中：在这里出现的优惠券主要是针对浏览页面的优惠券，是特定商品优惠券。

（3）店铺页面中：VIP 页面中出现的优惠券是针对 VIP 客户推出的特定优惠券，只有加入了店铺会员才能够享受，一般分为无门槛满减和满减优惠券等。

模块四：商品分类模块设计

分类模块是把店铺的商品按照一定规律进行分类。

（1）作用。这一模块的作用主要是为了分流和导购。顾客进入店铺后可以根据分类模块快速找到自己想要的品类进行浏览和购买，提高店铺的转化率。

（2）内容。分类的内容和依据只需要根据店铺的需要按照一定的逻辑分类即可。常见的分类规则有按照面料、用途、使用场景等，如图 7-13、图 7-14 所示。

图 7-13

图 7-14

模块五：商品推广模块设计

（1）作用。商品推广模块是店铺自由 DIY 的模块，可以使用模块的自带功能编辑图片、文字、链接内容，还可以使用 Dreamwear 工具制作 HTML 代码，制作出丰富的效果。

（2）内容。店铺经营者可以根据需要添加商品推广模块的内容，方便顾客完成购买。一般来说，商品推广模块通常会放置店铺主推产品推荐、促销商品推荐和一些套餐商品等。

（3）设计要点。在这一模块的设计中，首先要根据店铺的需求选择合适的商品推广模块内容，之后再选择合适的排版搭配。例如，店铺经营者选择主推产品推荐，那么就需要根据主推产品的数量或分类进行设计和排版。

模块六：页尾模块设计

页尾是首页的最后一个部分，在首页的最底部，相当于给整个首页画上了句号。系统默认放一个布局单元，卖家可以根据需求自定义内容。页尾模块在制作时需要符合店铺整体的风格，一般采用统一的色彩。

（1）作用。在店铺装修的时候不能因为页尾在店铺的最下端而忽略了，这一区域放置的内容关系着卖家的诚心和对店铺的态度。好的结尾会给人一种有始有终的感觉，有助于突出店铺服务、树立店铺形象，提高顾客对于店铺的信任。

（2）内容。页尾在内容上一般放置店铺宗旨、消保、手机二维码、7天无理由退换货、客服联系方式等，如图7-15所示。

图 7-15

模块七：背景设计

首页背景即整个首页的背景，分为固定背景和全屏背景两种形式，各有优缺点，做的时候要根据实际情况选择合适的背景。

1. 作用

（1）用背景凸显店铺内容的主体性。使用背景衬托，产生颜色的冲突感，突出店铺主体内容的重要性。

（2）用背景增加商品的空间感。通过背景渐变颜色模拟光感，产生现实中透视的效果，商品会显得有空间感，更立体。

（3）用背景增加形式感。如果背景是单色，往往会略显单调。这时可以加上色块，或补充图片、补充细节增加形式感。

（4）用背景辅助表达，完善场景画面感。用主题相关的内容作为背景，完善整个店铺的场景营造。

（5）用背景营造环境氛围。比如想营造促销的氛围，那么可以用鲜艳、跳跃的颜色渲染气氛。

（6）用背景宣传企业文化。有一些店铺会在店铺背景中加入一些企业的热门IP等作为宣传。

2. 内容

根据店铺背景的不同作用，放置在背景中的内容也是不同的。大体来说可以分为以下几类。

（1）纯色、渐变的颜色类。

（2）用于营造空间的场景、灯光等。

（3）衬托主体、增加形式感的无意义的线条、色块等。

（4）主题相关场景类。

（5）用于进行氛围营造的各种物品等。

（6）企业的Logo、IP等。

3. 分类

（1）固定背景。固定背景指的是全屏背景，当客户往下浏览产品时，两侧的背景是固定的，客户可以专心浏览店铺内的产品。固定背景的图片一般跟产品有一定的关联，比如店铺是做女装的，则背景一般是放置女装相关的图片。在设计固定背景时需要稍微处理一下，比如卡通化、简化或者模糊一点，不要让固定背景上的图片把顾客的注意力吸引走了。另外，在这个部分还可以添加上店铺的Logo或水印，进一步加深顾客对店铺的印象，如图7-16所示。

（2）全屏背景。全屏背景是指产品图片和背景融为一体，随着顾客的鼠标移动而移动。一般建议用纯色做底色，这样可以使背景和产品更加和谐，如图7-17所示。

图 7-16　　　　　　　　　　　　　　　　图 7-17

德技并修

【职业道德：诚实守信的商道原则】

在进行模板设计的时候要进行原创设计，不能直接套用他人的模板，尊重他人的知识产权，增强版权意识，并养成依法经营、诚实守信、公平竞争的商道原则。

【职业能力：积极创造的创新创意能力、解决实际问题的工作能力】

要根据企业的需求和产品的调性设计首页模板，要求模块合理完整、色调统一、形式美观。

【职业精神：勇于探索的劳模精神】

在进行首页模板设计时，不能只局限于自己以前设计的风格，要敢于尝试，勇于探索新风格、新配色、新形式，力争创造出别出心裁的模板，并树立认真的工作作风和一丝不苟的做事态度，养成勇于探索的劳模精神。

第二讲　店招模块设计

步骤解析：

Step 1：打开Photoshop，新建大小为1 920像素×150像素，分辨率为72像素/英寸，颜色模式为RGB，名称为"店铺招牌"的白色底图，如图7-18所示。

Step 2：店招高150像素，是一个带有导航的店招，因此要建一条参考线，上面的120像素做店招内容，下面30像素做导航的内容。单击菜单栏中的"视图"|"新建参考线"，取向选择"水平"，位置设为120像素，如图7-19、图7-20所示。

Step 3：按照上述方法新建2条纵向参考线，取向选择"垂直"，位置分别设为465像素和1 455像素，中间的990像素为可编辑区域，如图7-21所示。

Step 4：选择矩形选框工具，新建一个1 920像素×30像素的矩形，填充绿色（#779154），描边设置为"无"，置于文件最下方30像素，如图7-22所示。

Step 5：在导航条添加分类，按快捷键"T"选择文字工具，在导航条的可编辑区域输入导航分类"首页""主打产品"等，调节文字的字体、字号、颜色与位置。按快捷键V切换到移动工具，选中导航栏的所有文字图层，然后先后单击移动工具的属性"水平居中对齐"和"垂直居中对齐"，使导航栏的分类均匀分布，如图7-23所示。

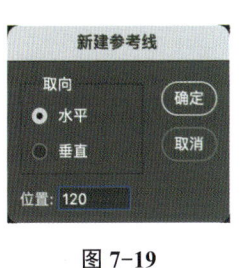

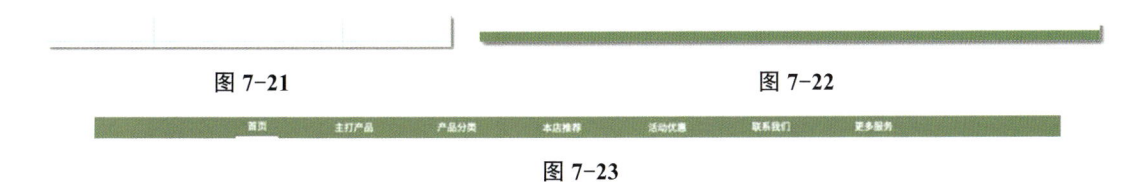

图 7-18　　　　图 7-19　　　　图 7-20

图 7-21　　　　图 7-22

图 7-23

Step 6：导入素材"店铺Logo"，将其放到导航可编辑区域的左侧，并调节到合适的大小。选择文字工具，输入文字"美丽设计旗舰店"和"www.meilidesign.com"，颜色设置为绿色（#779154），调节文字的大小和位置。选择直线工具，在文案的右侧画一条垂直的直线，颜色也设置为绿色（#779154），如图7-24所示。

图 7-24

Step 7：选择椭圆工具，填充颜色设置为绿色（#779154），描边设置为"无"，按Shift键绘制一个正圆，按快捷键Ctrl+J复制一个正圆，按Shift键水平移动到右边位置。选择自定义形状工具，分别选中"电话"和"五角星"图标，在2个正圆的上方绘制电话和五角星。选择文字工具，输入文字"联系我们""关注我们"，并调节文字的大小和位置，如图7-25所示。

图 7-25

第三讲　首屏海报模块设计

为了保证设计风格的统一，店铺首页一般是整体设计，即将首页的首屏海报、优惠券、分类等除店招以外的其他模块作为一个整体进行设计，设计完成后再用切片工具进行切片，切成一张张小图，便于后期装修。因此本案例将对首屏海报、优惠券、分类等模块进行整体设计，分步讲解。

步骤解析：

Step 1：打开 Photoshop 软件，选择菜单栏中的"新建"命令，新建一个大小为 1 920 像素 ×8 000 像素、分辨率为 72 像素 / 英寸、颜色模式为 RGB、名称为"店铺首页"的白色底图。新建 2 条纵向参考线，取向选择"垂直"，位置分别设为 465 像素和 1 455 像素，中间的 990 像素为可编辑区域，每个模块的重要内容都要置于可编辑区域，后面分步骤讲解。选择菜单栏中的"文件"｜"打开"命令，导入背景图片，如图 7-26 所示。

Step 2：导入"叶子""柠檬"等装饰素材，调节素材的大小和位置，如图 7-27 所示。

Step 3：选择文字工具，输入文字"都市丽人促销节"等文案，颜色设置为白色，调节文字字体、字号和位置，对齐方式为左对齐。选择直线工具，按 Shift 键，绘制一条水平直线，颜色设置为浅绿色，粗细设置为 1 像素，同样的方法绘制一条白色直线，粗细设置为 5 像素，最后调节两条直线的位置，如图 7-28 所示。

Step 4：打开"产品"素材，并使用魔棒工具抠除白色背景，将产品移动到海报中。按快捷键 Ctrl+T，调出自由变换工具，调节产品的大小和位置，如图 7-29 所示，这样一张简单的促销展示海报就做完了。

图 7-26

图 7-27

图 7-28

图 7-29

第四讲　优惠券模块设计

步骤解析：

Step 1：选择矩形工具，在首屏海报下面新建一个大小为 1 920 像素 ×500 像素的矩形，颜色设置为绿色（#8ca36b），如图 7-30 所示。

Step 2：选择文字工具，添加文字"活动优惠券""满减活动促销"，颜色设置为白色，设置文字的字体、字号。选择直线工具，画一条白色的直线，高设置为 5 像素。同时选中直线和文字图层，选择移动工具的"左对齐"，使其左对齐，并移动至左上角，如图 7-31 所示。

图 7-30

图 7-31

Step 3：新建一个组，命名为"满减优惠券"，后面新建的优惠券相关的图层都建在组内。选择圆角矩形，颜色设置为白色，半径设置为40像素，新建一个圆角矩形。选择文字工具，分别新建文字"满50可用优惠""¥""20""立即领取"，设置文字字体、字号、颜色和位置，如图7-32所示。

Step 4：选中组"满减优惠券"，按快捷键Ctrl+J，复制两个副本。选择移动工具，勾选"自动选择"复选框，选择"组"，按Shift键同时移动两个副本，使其水平移动到右侧，然后修改2个副本的文案，并通过移动工具的"水平居中分布"使3个组均匀分布，如图7-33所示。最后选择直线工具，按Shift键画一条垂直的直线放在2个组中间，颜色设置为浅绿色，粗细设置为1像素，复制一条直线置于2个副本中间。

图7-32   图7-33

Step 5：新建一个组，命名为"活动促销优惠券"，后面新建的和本优惠券相关的图层都建在组内。选择矩形选框工具，新建一个矩形，切换到椭圆选框工具，选择属性"从选区中减去"，在矩形左侧画一个圆，从选区中减去半个圆，然后填充白色，如图7-34所示。按快捷键Ctrl+J复制一个副本，按快捷键Ctrl+T调出自由变换命令，单击右键，选择水平翻转，按Shift键水平移动副本，如图7-34所示。

Step 6：选择圆角矩形工具，绘制一个圆角矩形，半径设置为40像素，背景设置为绿色（#8ca36b）。选择文字工具，分别新建文字"¥""100""活动促销叠加优惠券满300可用""立即领取"，设置文字字体、字号、颜色和位置，如图7-35所示。

图7-34

Step 7：选中组"活动促销优惠券"，按快捷键Ctrl+J复制一个副本。选择移动工具，勾选"自动选择"复选框，选择"组"，在按Shift键的同时移动副本，使其水平移动到右侧，然后修改副本的文案。效果如图7-36所示。

图7-35   图7-36

第五讲　分类模块设计

步骤解析：

Step 1：在优惠券的下方制作分类模块。选择文字工具，新建文字"店铺产品分类""专注都市丽人精致生活"，选择直线工具分别绘制一条垂直直线和一条水平直线，设置文字的字体、字号、颜色，并调节文字和直线的位置，如图7-37所示。

图7-37

Step 2：选择矩形工具，新建一个大小为 300 像素 ×380 像素的矩形，颜色设置为浅绿色（#e7ede1）；再新建一个大小为 260 像素 ×200 像素的小矩形，颜色设置为白色，并置于浅绿色矩形的上方。选择圆角矩形工具，在小矩形下方新建一个圆角矩形，半径设置为 30 像素，颜色设置为绿色（#8ca36b），如图 7-38 所示。新建一个组，命名为"分类"，将 2 个矩形和 1 个圆角矩形都放到组内。同时选中 2 个矩形和 1 个圆角矩形所在图层，切换到移动工具，通过属性"水平居中对齐"使其左右对称。

Step 3：选中组"分类"，按快捷键 Ctrl+J 复制两个副本。选择移动工具，勾选"自动选择"复选框并单击右侧的下拉栏选择"组"选项，在按 Shift 键的同时移动两个副本，使其水平移动到右侧，并通过移动工具的"水平居中分布"使 3 个组均匀分布，如图 7-39 所示。

图 7-38　　　　　　　　　　　　图 7-39

Step 4：选择文字工具，在每个组内添加相应的文案，如图 7-40 所示。将 3 张产品图片导入 Photoshop，分别置于 3 个白色矩形所在图层的上方，并通过剪切蒙版产品图片置于白色矩形内，最后调节产品图片到合适大小。

图 7-40

第六讲　商品推广模块设计

本首页的商品推广模块包括主推产品、活动促销产品、活动推荐产品 2 个子模块，下面分别介绍 2 个子模块的制作过程。

（1）主推产品。

步骤解析：

Step 1：选择矩形选框工具，在分类模块的下方新建一个大小为 1 920 像素 ×1 820 像素的矩形，颜色填充为浅绿色（#e7ede1）。

Step 2：选择文字工具，新建文字"活动推荐产品""雅致生活""专注都市丽人精致生活"，调节文字的字体、字号、颜色和位置，选择圆角矩形工具，制作一个圆角矩形，填充黑色，置于"雅致生活"图层下方。选择直线工具绘制 1 条长的水平直线，粗细设置为 1 像素；作 3 条短直线，高度设置为 3 像素，对齐方式为"水平居中对齐"，并置于图片的右上方，如图 7-41 所示。新建组，命名为"标签"，将本步骤新建的所有图层全部置于组"标签"内。

Step 3：选择矩形工具，绘制一个大小为970像素×650像素的白色矩形和一个大小为890像素×440像素的浅绿色（#e7ede1）矩形，同时选中2个矩形所在的图层，切换到移动工具，通过属性"水平居中对齐"使其左右对称，如图7-42所示。

Step 4：选择矩形工具，绘制一个大小为970像素×500像素的白色矩形和一个大小为500像素×440像素的浅绿色（#e7ede1）矩形，将浅绿色小矩形置于白色矩形左侧，同时选中2个矩形所在的图层，切换到移动工具，通过属性"垂直居中对齐"使其上下对称，如图7-43所示。

Step 5：选择圆角矩形工具，半径设置为40像素。画2个绿色（#8ca36b）圆角矩形，位置如图7-44所示。

图 7-41

图 7-42　　　　　　　　　图 7-43　　　　　　　　　图 7-44

Step 6：选择文字工具，输入"以泥养肤""晚安面膜"等文字，并设置文字的字体、字号、颜色和位置，通过移动工具属性"左对齐"使文案的排版方式为"左对齐"，如图7-45所示。

Step 7：将2张产品图导入Photoshop，分别置于2个浅绿色矩形的图层上方，通过剪切蒙版将商品图片置于2个浅绿色矩形内，最后调整产品到合适大小，这样一个活动产品模块就设计好了，如图7-46所示。

图 7-45　　　　　　　　　　　　　　　图 7-46

（2）活动促销。

步骤解析：

Step 1：选择矩形选框工具，在"主推产品"模块的下方新建一个大小为1 920像素×1 820像素的矩形，颜色填充为绿色（#8ca36b）。选中"主推产品"步骤解析Step 2中所建的组"标签"，按快捷键Ctrl+J复制组"标签"，得到组"标签副本"。选中移动工具，勾选"自动选择"复选框，选择属性"组"。将组"标签副本"移至绿色矩形上方，并修改组"标签副本"内文字的内容、颜色等，如图7-47所示。

Step 2：新建组，命名为"活动促销产品"，将本步骤新建图层都置于组内。选择矩形工具，新建一个大小为970像素×600像素的白色矩形，再新建一个大小为500像素×500像素的绿色（#8ca36b）矩形，并置于白色矩形左侧，同时选中2个矩形所在的图层，切换到移动工具，通过属性"垂直居中对齐"使其上下对称。选择直线工具，画一条绿色（#8ca36b）的水平短直线，粗细设置为5像素。选择圆角矩形工具，新建一个圆角矩形，半径设置为30像素，颜色设置为绿色（#8ca36b）。选择椭圆工具，按住Shift键画一个正圆，颜色设置为绿色（#8ca36b）。选择自定义形状工具，选择"箭头图标"，在正圆上绘制一个白色箭头，如图7-48所示。选择文字工具，输入"牛油果护肤""299"等文字，并设置文字的字体、字号、颜色和位置，通过移动工具属性"左对齐"使文案的排版方式为"左对齐"，如图7-48所示。

图 7-47　　　　　　　　　　图 7-48

Step 3：选中组"活动促销产品"，按快捷键Ctrl+J复制1个副本，得到组"活动促销产品副本"。选择移动工具，勾选"自动选择"复选框，选择"组"，在按Shift键的同时移动组"活动促销产品副本"，使其垂直移动到下侧，然后修改组"活动促销产品副本"里面的文案，如图7-49所示。

Step 4：把2张产品图导入Photoshop中，分别置于2个绿色矩形的图层上方，通过剪切蒙版将商品图片置于2个绿色矩形内，最后调整产品到合适大小，如图7-50所示。

图 7-49　　　　　　　　　　图 7-50

第七讲　页尾模块设计

步骤解析：

Step 1：导入店铺二维码，置于"活动促销"模块下方。选择圆角矩形工具，半径设置为 20 像素，绘制一个绿色（#8ca36b）圆角矩形。选择"自定义形状工具"，选择图标"爱心"，绘制一个白色的爱心，置于圆角矩形上方，如图 7-51 所示。

Step 2：选择文字工具，输入文案，调节文字的字体、字号、颜色和位置，如图 7-51 所示。文案的内容可以是店铺的文化，表达对消费者的感谢等；也可以放入客服的联系方式、消费者权益保障等内容。

图 7-51

参考文献 REFERENCES

[1] 杜小详，梁庆枫，向文燕．网店美工视觉营销设计实战一体化指导教程［M］．长沙：中南大学出版社，2019．

[2] 童海君，陈民利．网店视觉营销与美工设计［M］．北京：北京理工大学出版社，2020．

[3] 李敏．网店视觉营销［M］．北京：高等教育出版社，2021．